Dit boek is van:

_____
_____
_____
_____

Gevonden?
Breng dit dagboek dan alsjeblieft
terug naar de eigenaar.

Beloning:

_____

Het 6 MINUTEN DAGBOEK

Een boek dat je leven zal veranderen

PAPER LIFE

Oorspronkelijke titel: *DAS 6-MINUTEN-TAGEBUCH*
Vertaling: Erika Venis/Vitataal
Redactie en productie: Vitataal, Feerwerd
Opmaak: Rode Egel Producties, Groningen

ISBN 978 90 00 38742 7
NUR 450, 370

© 2016 by Dominik Spenst, Germany
www.createurbestself.com or Instagram: #6minutediary
Published by permission of Rowohlt Verlag GmbH,
Reinbek bei Hamburg, Germany

© 2021 Nederlandstalige uitgave:
Uitgeverij Unieboek | Het Spectrum bv, Amsterdam
Derde druk, 2023

Paper Life maakt deel uit van
Uitgeverij Unieboek | Het Spectrum bv,
Postbus 23202
1100 DS Amsterdam

www.paperlife.nl
www.spectrumboeken.nl
 paperlife.nl

Alle rechten voorbehouden. Niets uit deze uitgave mag worden verveelvoudigd, opgeslagen in een geautomatiseerd gegevensbestand, of openbaar gemaakt, in enige vorm of op enige wijze, hetzij elektronisch, mechanisch, door fotokopieën, opnamen, of enige andere manier, zonder voorafgaande schriftelijke toestemming van de uitgever.

> *Je zult je leven nooit veranderen als je niet iets verandert in wat je elke dag doet. Het geheim van succes zit besloten in je dagelijkse routine.*
>
> JOHN C. MAXWELL

Inhoud

Inleiding — 8
JE EIGEN DIAMANTMIJN
6 REDENEN WAAROM JE ZULT GENIETEN VAN JE 6 MINUTEN
BEDANKT

Kort overzicht — 20
SNEL OVERZICHT
VOORBEELD
MEER DAN ALLEEN EEN DAGBOEK

De basisprincipes — 26
POSITIEVE PSYCHOLOGIE
GEWOONTEN
ZELFREFLECTIE

Het ochtendritueel — 41
DANKBAARHEID
DOELEN VAN DE DAG
POSITIEVE AFFIRMATIE

Het avondritueel — 56
GOEDE DAAD VAN DE DAG
RUIMTE VOOR VERBETERING
MOMENTEN VAN GELUK EN SUCCES

6 Tips — 62

Het dagboek — 68

66 dagen — 158
Opmerkingen en ideeën — 280
Bibliografie — 286

Je eigen
diamantmijn...

een kort verhaal met een belangrijke boodschap

Op een dag hoort Al Hafed, een boer in Perzië, voor het eerst in zijn leven over diamanten. Een wijze priester vertelt hem over andere boeren die rijk waren geworden nadat ze een diamantmijn hadden ontdekt: 'Eén enkele diamant, niet groter dan het topje van je duim, is evenveel waard als honderd boerderijen,' zegt hij tegen de boer. Die besluit daarom zijn boerderij te verkopen en op zoek te gaan naar diamanten. Al Hafed trekt op zijn zoektocht naar diamanten de rest van zijn leven door Afrika, maar zonder succes. Met gebroken lichaam en ziel geeft hij uiteindelijk zijn zinloze zoektocht op en verdrinkt zichzelf in de oceaan.

Ondertussen leidt de nieuwe eigenaar van zijn boerderij zijn kameel naar een ondiep stroompje op het land. Tot zijn verrassing ziet hij iets schitteren op de bodem. Hij steekt zijn hand in het water en haalt er een glinsterende zwarte steen uit. Hij neemt de steen mee naar huis en zet hem op de schoorsteenmantel.

Een paar dagen later komt de wijze priester langs, die wil kennismaken met Al Hafeds opvolger. Sprakeloos kijkt hij naar de steen op de schoorsteenmantel. De boer vertelt hem waar hij hem heeft gevonden en dat er nog veel meer van dat soort stenen in het water liggen. De priester weet wel beter: 'Dat is geen steen. Dat is een ruwe diamant. Sterker nog, het is een van de grootste diamanten die ik ooit heb gezien!' Het stroompje dat ooit Al Hafed had toebehoord, werd een van de lucratiefste diamantmijnen ooit, de Golkondamijn. (Vrij naar *The Acres of Diamonds* door Russell H. Cornwell.)

De moraal van dit verhaal over Al Hafeds vergeefse zoektocht is eigenlijk vrij duidelijk: als Al Hafed meer waardering had gehad voor de dingen die hij al bezat, zou hij de schatten die op zijn eigen land verborgen lagen, hebben kunnen herkennen.

Hetzelfde geldt voor ons. Onze grootste rijkdom zit in onszelf. We moeten flink spitten, want de diamanten zitten diep in onszelf begraven. Als je op zoek gaat naar je eigen diamantmijn, zul je die zeker vinden. Probeer bewust te letten op de kansen die van dag tot dag op je pad komen en op de dingen die het leven je nu al biedt.

Dat wat je zoekt, zit al in je!

> *Je houding ten aanzien van wie je bent en wat je hebt is een heel klein detail dat een heel groot verschil kan betekenen.*

THEODORE ROOSEVELT

6 redenen ...

... waarom je zult houden van je 6 minuten

1. Het boek dat je in handen hebt, is een eenvoudig maar effectief hulpmiddel waarmee je de beste versie van jezelf kunt worden

Het 6 minuten dagboek is geen gewoon dagboek. Het is bedoeld om je op de lange termijn gelukkiger en tevredener te maken met de allersimpelste middelen.

Dat lijkt misschien onmogelijk. Maar voordat je ook maar iets opschrijft, krijg je een uitgebreide uitleg over hoe je dat doel kunt bereiken, in slechts 6 minuten per dag. Als je het beste uit dit hulpmiddel wilt halen, moet je eerst goed de gebruiksaanwijzing lezen. Zodra je jezelf hebt aangewend om je *6 minuten dagboek* elke dag te gebruiken zul je merken dat het echt verschil maakt. Met elke dag die je het gebruikt voeg je weer een bouwsteentje toe aan je muur van geluk. Die ene muur wordt gevolgd door andere muren en voor je het weet heb je een prachtig, stevig huis van geluk! De winkels liggen vol met boeken die je een gelukkig en voldaan leven beloven, maar veel van die boeken kunnen hun hooggespannen verwachtingen niet waarmaken. Als je die boeken moet geloven, is er maar één gouden regel, één perfecte weg naar geluk. Maar 'de' geluksformule bestaat niet. We zijn allemaal anders en er is geen universele oplossing. Dit *6 minuten dagboek* biedt je een fundering en bouwmaterialen, zodat je zelf je huis van geluk kunt bouwen. En elke dag weer heb je een nieuwe kans om te bepalen hoe je dat wilt gaan doen. Met elke ingevulde bladzijde van het dagboek druk je je eigen stempel op het leven. Al zolang als de mens bestaat, zo'n 2,8 miljoen jaar, wordt iedereen geboren met vooraf geïnstalleerde software: je overlevingssoftware.[1] Vroeger bepaalde die programmering of je wel of niet overleefde. Tegenwoordig is ze minder nuttig omdat ze ervoor zorgt dat we steeds op onze hoede zijn voor dingen die kunnen mislopen of een bedreiging vormen.

De software is altijd op zoek naar bedreigingen zodat je ertegen kunt vechten of ervoor kunt vluchten. Je hersenen zijn daarom zo geëvolueerd dat ze snel leren van slechte ervaringen en langzaam van goede.[2] Uit onderzoek is bijvoorbeeld gebleken dat we boze gezichten sneller waarnemen dan blije. Zelfs wanneer we de boze gezichten maar zo kort (een tiende van een seconde) zien dat we ze niet bewust kunnen herkennen, worden de delen van onze hersenen die emoties en de vorming van nieuwe herinneringen aansturen geactiveerd.[3] Uit hetzelfde onderzoek is ook gebleken dat afbeeldingen van blije gezichten (die ook maar een tiende van een seconde te zien waren) meteen weer uit de hersenen verdwijnen zonder dat ze een indruk achterlaten. Psychologen hebben herhaaldelijk aangetoond dat onze hersenen automatisch negatieve emoties oproepen omdat ze sneller, vaker en krachtiger reageren op vervelende dan op vergelijkbare goede dingen.[4] Ook blijkt de pijn die we ervaren als we iets verliezen drie tot vier keer heviger dan de vreugde die we voelen terwijl we datzelfde voorwerp nog bezitten.[5] Daarom doet een gebroken hart zoveel pijn en is dat gevoel sterker dan de vreugde die we voelen bij een harmonieuze relatie. Hetzelfde gaat op voor geldzaken: de blijdschap die we voelen als we geld krijgen is minder groot dan het verdriet dat we ervaren als we hetzelfde bedrag verliezen.[6] In relaties zijn er minimaal vijf goede daden nodig om de schade van een slechte daad goed te maken.[7] Mensen hebben nu eenmaal de neiging meer waarde te hechten aan slechte dingen. Dertig jaar onderzoek naar positieve psychologie (blz. 26) gaat echt niets veranderen aan de evolutionaire programmeringen van onze hersenen in de afgelopen drie miljoen jaar.

Geluk en tevredenheid? Niet de belangrijkste zorgen van je hersenen. Je hersenen willen vooral het slechte onthouden en het goede negeren. Dat verklaart waarom je gemakkelijker contact maakt met anderen door roddelen of klagen en waarom slecht nieuws zich veel sneller verspreidt dan goed nieuws. Het verklaart ook waarom je niet kunt wegkijken van een auto-ongeluk of van mensen die met elkaar vechten. En het verklaart waarom je eindeloos blijft hangen op een of twee kritiekpuntjes, zelfs als je verder alleen maar positieve reacties hebt gekregen. Evolutionair gezien is het gewoon gemakkelijker om op negatieve dingen te focussen. Aangename emoties zoals tevredenheid konden in de strijd om te overleven gevaarlijk zijn. Je hersenen zijn daarom voortdurend op zoek naar mogelijke bedreigingen, en maken die groter, wat weer leidt tot een leven vol stress, irritatie en bezorgdheid. Dit onhandige mechanisme heeft ervoor gezorgd dat onze soort van nature goed is in overleven maar minder in gelukkig zijn. Mensen die niet zo tevreden waren en enigszins onzeker, waren beter in vernieuwen en overleven. Dankzij onze voorouders uit de prehistorie worden onze overlevingskansen bepaald door de mate van aanpassingsvermogen, niet door het vermogen voor geluk.

> *Onze hersenen neigen naar negativiteit. Ze vormen een soort klittenband voor nare zaken en een teflonlaag voor goede.*
> RICK HANSON

Gelukkig kun je hier actief iets aan doen. Dit dagboek kan je hier op verschillende manieren bij helpen. Je moet je hersenen te slim af zijn, tegenwicht bieden aan de ingeprente negativiteit en de leugens die ze je opspelden doorzien. Het is wetenschappelijk aangetoond dat je met behulp van proactieve en dagelijkse (heel belangrijk!) herhaling nieuwe verbindingen in je hersenen kunt maken. Als je jezelf positieve gewoonten aanleert, kun je een nieuw programma installeren als tegenwicht voor de negatieve gevoelens. Dat installatieproces heet neuroplasticiteit (blz.34). Als je het ongeveer 66 dagen lang dagelijks uitvoert, is het proces voltooid en heb je een gewoonte geïnternaliseerd.[8] Het is hierbij heel belangrijk dat je het consequent volhoudt. Gelukkig zijn is geen kwestie van geluk hebben of toeval, maar iets wat je stapje voor stapje kunt leren.

> *De meeste mensen zijn zo gelukkig als ze besluiten te zijn.*
> ABRAHAM LINCOLN

Ben je dankbaar voor wat je hebt? Zo ja, laat je dat dan regelmatig duidelijk merken? Wanneer heb je voor het laatst oprecht laten merken dat je blij bent met je partner of beste vriend(in)? Wanneer heb je hem of haar voor het laatst verteld dat je enorm dankbaar bent voor alle geweldige dingen die ze voor je doen in plaats van je druk te maken over de dingen die je tegenstaan?

Als je vandaag niet dankbaar bent voor wat je hebt, zul je dat ook niet zijn voor wat je morgen of over een week hebt. En dan hebben we het niet over een pakketje van Bol.com, een mooi compliment of een jubileumfeest, maar over dingen uit je dagelijks leven. Als je elke dag even stilstaat bij waardering, dus bij wat je AL HEBT in je leven, zul je je op de lange termijn gelukkiger en tevredener voelen – dat is aangetoond. Dit dagboek is zo opgezet dat je, als je er elke dag een paar minuten aan werkt, positieve gedragspatronen en een optimistische levenshouding kunt aanleren. Zo kun je je beter richten op de kansen in je leven en niet alleen op de obstakels. Wie zich goed wil voelen moet ook goed denken. Een van de principes van dit *6 minuten dagboek* is dan ook dat je je niet moet richten op de dingen die ontbreken in je leven of die niet werken, maar dat je je bewust wordt van wat je al hebt en wat wel werkt. Zo maak je de positieve aspecten zichtbaar en leer je constructief denken. Het dagboek helpt je een evenwicht te vinden tussen waardering en verdere ontwikkeling, en tussen dankbaarheid en prestatiegerichtheid. Het leert je het hier en nu meer te waarderen. Je zult zien dat dankbaarheid je gelukkiger kan maken. Het biedt je een manier om die dankbaarheid in de praktijk te brengen. Met dankbaarheid open je de deur naar alle kansen die de dag te bieden heeft. Om met de schrijver Mark Twain te spreken: 'Geef elke dag de kans om de mooiste dag van je leven te worden.'

2. Geen motiverend geklets, onzinpraat of esoterisch geneuzel. Dit concept is gebaseerd op wetenschappelijke resultaten

Dit boek belooft niets wat niet is gebaseerd op recent neurowetenschappelijk en psychologisch onderzoek, op oude wijsheden, praktijkervaringen en empirisch onderbouwde informatie. Onderzoek door bekende psychologen en ervaren wetenschappers vormt de basis voor dit *6 minuten dagboek*. Je hoeft dus niet honderden wetenschappelijke publicaties door te spitten en het nuttige onderzoek te scheiden van het nutteloze. Zoals je in de bibliografie achter in dit boek kunt zien, is dat werk al voor je gedaan.

Iedereen weet dat theoretische kennis en de praktische toepassing ervan twee totaal verschillende dingen zijn. Zo mag je er bijvoorbeeld van uitgaan dat dokters verstand hebben van voeding en gezondheid. Maar brengen alle dokters die kennis ook zelf in de praktijk? Waarschijnlijk niet. Hetzelfde geldt voor de positieve effecten van dankbaarheid, een optimistische levenshouding, zelfreflectie en goede gewoonten in het algemeen. Over die dingen lezen en praten is één ding; ze in je leven verwerken is iets heel anders.

Maar als je de theorie in de praktijk wilt brengen, hoeft je dat gelukkig niet meer te kosten dan de prijs van dit boek! **Met *Het 6 minuten dagboek* heb je al een compact en effectief hulpmiddel in handen. Een middel waarmee je de theorie van positieve psychologie in je voordeel kunt gebruiken, effectief en blijvend, in nog geen 6 minuten per dag.**

3. Dit dagboek is gemakkelijker bij te houden dan andere dagboeken

Heb je wel eens meegemaakt dat mensen hun uiterste best deden om hun leven te veranderen? Vijf kilo afvallen, gezonder gaan eten, meer slapen, eerder beginnen met studeren voor een tentamen, meer genegenheid tonen in een relatie... Het begon allemaal zo goed, maar ze vielen al heel snel terug in hun oude patroon. Statistisch gezien moet je dat zelf ook wel eens hebben meegemaakt: 92 procent van de mensen die willen stoppen met roken, slaagt daar niet in. 95 procent van de mensen die willen afvallen krijgt te maken met het beruchte jojo-effect en maar liefst 88 procent van de mensen die het nieuwe jaar met goede voornemens beginnen, voert er uiteindelijk geen enkele uit.[9] Waarom zou het bijhouden van een dagboek dan anders zijn? In het begin schrijf je nog heel gemotiveerd alles op, maar dat enthousiasme ebt op den duur weg en het dagboek ligt te verstoffen. Er zijn allerlei redenen waarom dat gebeurt. Je werkt niet gestructureerd, het kost je te veel tijd en je hebt het nut van het bijhouden van een dagboek niet geïnternaliseerd. Dit *6 minuten dagboek* neemt al die typische hindernissen weg. Het is zo opgezet dat ook mensen die nog nooit een dagboek hebben bijgehouden het kunnen volhouden.

> *Niets is echt moeilijk als je het opdeelt in kleine stukjes.*
>
> HENRY FORD

Het lijkt misschien alsof dit dagboek heel eenvoudig is opgezet, maar er is goed over nagedacht. Zelfs kritische lezers zullen overtuigd zijn zodra ze deze uitgebreide inleiding hebben gelezen. Vooral het vaak gehoorde smoesje van tijdgebrek geldt niet voor dit *6 minuten dagboek*. Het is allemaal goed te doen, zelfs voor de meest creatieve smoesjesbedenkers, doordat het de tijd die je er dagelijks aan besteedt opsplitst in 3 minuten in de ochtend en 3 minuten in de avond.

Omdat je op vaste tijden in het dagboek schrijft, zal het uitgroeien tot een dagelijkse routine. In het ideale geval begin je de dag met het dagboek en ga je er 's avonds mee naar bed. Een doel zonder deadline is niet meer dan een droom. In dit geval gaat het erom dat je zo gelukkig mogelijk wordt. Vanaf nu heb je elke ochtend en elke avond een afspraakje, dat ervoor moet zorgen dat je dichter bij je doel komt. Stapje voor stapje, langzaam maar zeker.

> 'Waarom moet ik pen en papier gebruiken, ik kan toch net zo goed typen?' Omdat de ouderwetse pen machtiger is dan het toetsenbord. Tegenwoordig maak je aantekeningen niet langer op een schrijfblok maar op een scherm, je stelt een takenlijstje op in een app en een vulpen heb je waarschijnlijk allang niet meer. En dat terwijl psychologen herhaaldelijk hebben aangetoond dat we fundamenteel veranderen wanneer we dingen opschrijven. Dingen die we opschrijven, kunnen we beter begrijpen en ze blijven ook langer in ons geheugen hangen dan wanneer we ze typen.[10] Er zijn zelfs aanwijzingen dat wonden sneller genezen wanneer je een dagboek bijhoudt.[11] *Het 6 minuten dagboek* is geen app, maar een boek, met een heel specifiek doel. Het is een fysiek hulpmiddel waarmee je de vergeten voordelen van pen en papier in jouw voordeel kunt benutten.

4. Maak een unieke schatkist vol herinneringen

Een dagboek is als een goede fles wijn. Als je hem een tijdje opzij legt, rijpt hij en kun je er later met volle teugen van genieten. Stel dat je alle bladzijden van dit dagboek hebt volgeschreven en het boek een tijdje hebt weggelegd. Als je het dan na een paar maanden of jaren weer openslaat, krijg je een onvervangbaar inzicht in de meest boeiende en emotionele aspecten van je geheugen. Je zult merken dat je de dingen inmiddels heel anders bent gaan zien. Terugkijkend kun je zien waarom dat zo is en kun je je persoonlijke ontwikkeling volgen. Op die manier vormt het dagboek een soort uniek testament van je eerdere ervaringen, wensen, gedachten en inzichten. Zoals de Romeinse dichter Martialis bijna 2000 jaar geleden schreef: 'Wie zijn verleden met genoegen herleeft, leeft twee keer.' Stel dat je grootvader of moeder ook zo'n boek zou hebben bijgehouden. Wat zouden ze dan geven voor zo'n ongeëvenaard aandenken? Wat is er spannender dan een boek over jou en je leven? Als je een schatkist vol herinneringen wilt hebben, ben je nu op de goede weg.

5. Het is leuk en laat je zien wat je gelukkig maakt

Het belangrijkst aan het dagboek is dat je de dingen die je erin opschrijft, echt voelt (zie blz. 62, tip 2). Neem 3 minuten de tijd en probeer iets te bedenken waar je dankbaar voor bent; een dierbare ervaring in je leven of een herinnering die je koestert. Sluit je ogen zodra je iets hebt bedacht. Doe het meteen, niet later... Hoe voel je je nu? Neem even de tijd zodat je de emotie bewust waarneemt. Dankbaarheid is de tegenhanger van alle negatieve emoties. Het kan positieve ervaringen versterken en het goede in je leven krachtiger maken. Nadenken over positieve dingen is prettig. In dit dagboek schrijven is daarom automatisch al goed voor je. Bovendien is het leuk. De wekelijkse uitdagingen en de vijf weekvragen maken het extra interessant, gevarieerd en vermakelijk. Toch is dit *6 minuten dagboek* meer dan een feelgoodboek. Het is niet geschreven door een zelfhulpgoeroe met een innemende glimlach. Het beweert niet dat al je dromen uitkomen als je jezelf in de spiegel aankijkt en zegt: 'Ik ben een kampioen.' Er zijn al genoeg stemmen die je vertellen dat je leven een aaneenschakeling van geluksmomenten wordt zodra je het woord 'onmogelijk' uit je woordenschat schrapt. Sommige van de dag- en weekvragen in dit dagboek gaan dieper en leggen de vinger misschien wel op de zere plek. Het gaat er niet om hoe je die vragen beantwoordt, maar om de kostbare momenten dat je echt de diepte ingaat en zoekt naar de antwoorden. Hoe meer je nadenkt over de vragen, hoe meer dit boek voor je zal betekenen.

Wat maakt jou gelukkig? Wanneer je nadenkt over alle wendingen die je leven kan nemen, is het vandaag de dag misschien wel belangrijker dan ooit dat je die vraag kunt beantwoorden. Doordat het elke dag weer de juiste vragen stelt, is dit dagboek een uniek hulpmiddel bij je zoektocht naar wat jou gelukkig maakt. Want wie een slimme vraag stelt, heeft het gevecht al half gewonnen.

6. Je leert je innerlijke geluk los te maken van omstandigheden van buitenaf

De Chinese wijsgeer Confucius zei: 'Je hebt twee levens; het tweede begint zodra je beseft dat je er maar één hebt.' Toen de succesvolle Amerikaanse oprichter en investeerder Naval Ravikant werd gevraagd of hij wel eens zo'n keerpunt in zijn leven had meegemaakt, gaf hij het volgende antwoord: 'Ik heb in mijn leven hard moeten vechten voor bepaalde materiële en maatschappelijke successen, en toen ik die had behaald, of toen ze in elk geval minder belangrijk waren geworden, besefte ik dat mijn leeftijdsgenoten en veel mensen om me heen die vergelijkbare successen hadden behaald, en die op weg waren naar nog meer, eigenlijk helemaal niet zo gelukkig waren. Bij mij was het zo dat ik nooit blijvend gelukkig was als ik een nieuw doel had bereikt. Ik raakte heel snel aan dingen gewend. Daardoor kwam ik tot de conclusie, en dit klinkt misschien oubollig, dat geluk in jezelf zit. Ik besloot daarop meer aan mezelf te werken. Ik besefte dat al het echte succes binnen in je zit en weinig te maken heeft met omstandigheden van buitenaf.'[12]

Naval Radikant staat niet alleen in deze ervaring. De meeste mensen denken dat ze gelukkiger zullen zijn ALS ze meer geld hebben, ALS ze in een mooier huis wonen, ALS ze de ware hebben gevonden of ALS ze hun droombaan vinden. Toch hoef je echt niet te wachten op de volgende grote gebeurtenis om dankbaarder en gelukkiger te kunnen zijn. Want elke keer dat je zo'n doel bereikt, zul je beseffen dat er in feite niets is veranderd. Je bent nog steeds dezelfde persoon. Het komt zelden voor dat omstandigheden van buitenaf je BLIJVEND gelukkig maken. Dit wordt door meerdere onderzoeken bevestigd,[13] en je zult uit eigen ervaring ook wel weten dat het waar is. Deze gedachtegang, namelijk dat alles afhankelijk is van de volgende ALS in het leven, wordt in de psychologie conditioneel geluk genoemd. Bijna iedereen heeft geleerd op die manier te denken. Het ALS is de vijand van je tevredenheid. Net als bij de horizon kun je eindeloos blijven lopen zonder dat je bij het ALS komt, want er zal altijd weer iets anders zijn wat je moet doen om extra-buitengewoon gelukkig te zijn. Zeg eens eerlijk, hoe vaak heb je al niet gedacht: als dit me lukt, zal ik gelukkiger zijn. En hoe vaak voelde je je na afloop inderdaad gedurende lange tijd gelukkiger?

Probeer eens te letten op hoe vaak je op zoek bent naar meer, waardoor je het heden verwaarloost. Hoe vaak wil je dat de toekomst precies zo loopt zoals jij het wilt, in plaats van dat je geniet van het moment van nu? Kies voor het geluk van hier en nu. **Neem vanaf vandaag de tijd om te genieten van de kleine geluksmomentjes in je leven. Gun jezelf de tijd om de kleine successen in je dag te waarderen en te koesteren. Wanneer heb je dat voor het laatst gedaan? Als je dat niet meer weet, zul je ook niet genieten van je grote successen.**

De weg naar een gelukkiger leven is geen geheim recept uitsluitend bedoeld voor boeddhistische monniken. In slechts 6 minuten per dag kun je een positievere houding ontwikkelen en loskomen van alle 'ALS'en' in het leven. Lees verder en ontdek het zelf.

> *Geluk, niet ergens anders maar hier…*
> *niet straks maar nu.*
> WALT WHITMAN

Bedankt!

Na een heerlijk jaar studeren in het buitenland, waarin ik door de prachtigste landen van Azië had gereisd, stond de terugkeer naar mijn geboortestad in Duitsland voor de deur. Als afsluiter van dat opwindende jaar wilde ik voor het eerst helemaal alleen op pad. Direct na mijn aankomst in Cambodja ging ik naar een motorverhuurbedrijf. Daar ontmoette ik iemand die op dezelfde golflengte leek te zitten. We besloten onze krachten te bundelen en samen op de motor naar een uitzichtpunt in de buurt te rijden. Vlak voor een kruising ging ik langzamer rijden en ik genoot ondertussen van het schitterende uitzicht op een ongerept landschap toen mijn reisgenoot me ineens met een snelheid van ongeveer 80 km/u van achteren aanreed. Ik vloog door de lucht en sloeg een paar keer over de kop. Hij kwam beter terecht, keek me een paar seconden na en ging er toen als een haas vandoor. Ik bleef dus alleen achter, ergens in een uithoek van Cambodja, bij een temperatuur van 35 graden. Mijn been lag open en het bot stak eruit. Mijn hele lichaam was bedekt met blauwe plekken. Ik had geen gevoel in mijn onderlijf, overal was bloed en alleen al de aanblik van mijn been maakte dat ik een paar keer het bewustzijn verloor. Een paar lokale bewoners kwamen naar me toe, maar in plaats van te helpen staarden ze alleen maar wat. Een van hen begon me zelfs te filmen met zijn telefoon. Toen de politie arriveerde, voelde ik me opgelucht. Die gaan me naar het ziekenhuis brengen, dacht ik. Maar de agenten zeiden geen stom woord. Na een paar minuten leken ze te beseffen dat er bij mij niets te halen viel en ze vertrokken weer zonder zich iets aan te trekken van mijn hulpgeroep. Toen raakte ik in paniek. Het begon tot me door te dringen dat ze me daar zouden kunnen laten doodbloeden zonder dat iemand er ooit achter zou komen. Het groepje dorpelingen werd kleiner. Ineens voelde ik hoe mijn hoofd van achteren werd opgetild en hoorde ik de stem van een man: 'Hoe heet je?' Ik antwoordde: 'Dominik.' 'Hi, Dominik,' zei de man. 'Ik ben Doug en ik ga je hier weghalen, maar je moet nu niet meer naar je been kijken en tegen me blijven praten!' Doug was een jaar of 65 en kwam uit Australië. Als je dit leest, Doug: dank je wel dat je mijn leven hebt gered!

Die daaropvolgende weken waren de moeilijkste van mijn leven. Zestien weken in het ziekenhuis, twaalf operaties en dan nog was het de vraag of ik mijn linkerbeen zou kunnen behouden. Na elke operatie leek de situatie niet te zijn veranderd of zelfs slechter geworden. De onzekerheid of ik mijn been ooit weer zou kunnen gebruiken was slopend voor iemand die zijn hele leven lang nog nooit een week niet had gesport. Ik had alle reden om me hierdoor uit het veld te kunnen laten slaan, maar kreeg almaar maar opmerkingen te horen als: 'Hoe kun je nu zo vrolijk zijn?' of 'Je doet alsof er niets aan de hand is.' Ik kan niet goed toneelspelen; ik merkte gewoon steeds meer dat mijn houding los was komen te staan van de omstandigheden, de ALS'en van het leven. Herinner je je dat citaat van Naval Ravikant van de vorige bladzijde nog? Dat besef, dat geluk en een optimistische levenshouding alleen van binnenuit kunnen komen, drong in het ziekenhuis met elke dag die verstreek dieper tot me door. En dat was geen toeval, maar het resultaat van dagelijkse dankbaarheid en zelfreflectie.

Voor het ongeluk was ik erg carrièregericht en altijd op zoek naar erkenning. Als ik bij de bovenste vijf procent van mijn klas hoor, zal ik gelukkiger zijn. Als ik mag stagelopen bij dat prestigieuze bedrijf, zal mijn leven me meer voldoening geven. Hoewel geen van die dingen me echt gelukkiger maakte, zat ik nog altijd gevangen in de maalstroom van de 'ALS'en'. Zonder het ongeluk zou ik waarschijnlijk tot op de dag van vandaag dezelfde externe successen najagen. Gelukkig dwong mijn verblijf in het ziekenhuis me ertoe te stoppen met wensen dat dingen anders zouden zijn en wachten op de volgende 'ALS'. Ik concentreerde me niet langer op de slechte dingen (wat gemakkelijk gebeurt als je wereld zich beperkt tot een ziekenhuisbed en -toilet) maar alleen op de goede dingen in mijn leven, en schreef ze elke dag op. Tot mijn verrassing waren dat er nog best veel. Ik leerde om oprecht dankbaar te zijn voor het feit dat mijn hersenen het nog altijd deden, ondanks de zware hersenschudding die ik had opgelopen, dat ik nog een goed been had en dat mijn vrienden en familie er voor me waren. Ik zette me honderd procent in om er het beste van te maken en dat doe ik nog steeds. Kortom: ik ben gelukkiger dan ik was en sta ook weer op eigen benen.

Sinds het ongeluk heb ik vele duizenden uren onderzoek gedaan naar de menselijke psyche en naar het verband tussen mijn levenshouding en mijn levensvreugde. Ik heb eindeloos veel boeken gelezen, naar podcasts geluisterd, video's bekeken en gesprekken gevoerd met allerlei verschillende mensen. Ik begon te beseffen dat als je een succesvol leven vol voldoening wilt leiden, je proactief gewoonten moet ontwikkelen waardoor de dingen die het beste voor je zijn je als vanzelf afgaan. Sinds ik dat weet, heb ik al mijn tijd en energie gestoken in de ontwikkeling en optimalisering van hulpmiddelen waarmee mensen vanuit zichzelf geluk kunnen ontwikkelen, en daarvoor de juiste gewoonten kunnen opbouwen. Veel geweldige dingen in mijn leven zouden niet zijn gebeurd zonder dat ongeluk, dat ook heel rampzalig had kunnen aflopen. Een van die geweldige dingen heb jij nu in je handen.

En dan nu de wat meer algemene dankbetuigingen. Om te beginnen wil ik mijn Duitse lezers bedanken voor hun geweldige feedback, die me ertoe aanzette deze nieuwe versie te schrijven. Dank ook aan de inspiratiebronnen die ik nooit persoonlijk heb ontmoet: Tony Robbins, Maria Popova, Ryan Holiday, Charles Duhigg, Alex Ikonn, Robert Greene, Tim Schlenzig en Martin Seligman. Enorm DANK aan mijn familie en beste vrienden. Ik zal nooit vergeten hoe belangrijk deze mensen zijn en dat ik zonder hen nergens zou zijn. Tot slot, niet in de laatste plaats: dank aan JOU! Dank je dat meegaat op deze reis naar een meer mindful en voldaan leven.

> *Een leven verandert niet door de omstandigheden van buitenaf; de inwendige veranderingen komen in het leven tot uitdrukking.*
> WILMA THOMALLA

Snel overzicht

... hoe gebruik je je 6 minuten dagboek

Het ochtendritueel

❶ Dankbaarheid in de ochtend (blz. 44)
Schrijf drie dingen op waarvoor je dankbaar bent, of één ding plus drie redenen waarom je daar dankbaar voor bent.

❷ Hoe je de dag geweldig kunt maken (blz. 50)
Focus op de kansen en mogelijkheden die de dag bieden. Wat is je doel vandaag en wat vind je vandaag belangrijk? Welke dingen kun je vandaag concreet doen zodat je een stap in de juiste richting zet?

❸ Positieve affirmatie (blz. 53)
Maak een tekening van hoe je jezelf vandaag of in de toekomst ziet. Omschrijf de mens die je wilt zijn.

Het avondritueel

❹ Je goede daad van vandaag (blz. 57)
Zelfs met het kleinste beetje vriendelijkheid kun je een ander al gelukkig maken. Een goede daad geeft je een geluksgevoel.

❺ Ruimte voor verbetering (blz. 58)
Je wilt voortdurend blijven groeien en je ontwikkelen. Wat heb je vandaag geleerd? Is er nog ruimte voor verbetering?

❻ De geluksmomenten van vandaag (blz. 60)
Elke dag heeft zijn momentjes van geluk en succes. Ga er onbevangen op af, grijp ze en houd ze vast.

Weekritueel

❼ Je vijf vragen van de week (blz. 22)
Dit deel bevat allerlei vragen die je jezelf vast nooit eerder hebt gesteld. Door deze vragen leer je jezelf beter kennen.

❽ Je uitdaging van de week (blz. 24)
Hierbij moet je je comfortzone verlaten en iets doen voor anderen of voor jezelf.

Voorbeeld

... hoe je 6-minutenritueel eruit zou kunnen zien

M D W D V Z~~Z~~   08/09/19

❶ Ik ben dankbaar voor...

1. de zonnestralen op mijn huid
2. het lekkere ontbijtje dat ik zo ga klaarmaken
3. mijn geweldige vrienden die mijn leven verrijken

❷ Zo ga ik van vandaag een geweldige dag maken

Ik ga sporten omdat ik me fit en gezond wil voelen

Ik ga een uur aan mijn huidige project werken, zodat ik me productief en zelfbewust voel

Ik ga mediteren zodat ik meer vrede heb met mezelf

❸ Positieve affirmatie

Ik bepaal zelf hoe ik me voel en ik besluit dat ik krachtig ben en vol zelfvertrouwen

Citaat van de dag of *Uitdaging* van de week

❹ Mijn goede daad van vandaag

Ik heb de deur opengehouden voor iemand

Ik heb oprecht geglimlacht naar de barista

❺ Wat ik aan mezelf kan verbeteren

Ik ga mijn moeder bellen en vragen hoe het met haar gaat

Ik zal geen koffie meer drinken na 2 uur 's middags

❻ Leuke dingen die ik heb meegemaakt

1. Anna zei dat ik een geweldig gevoel voor humor heb
2. Ik heb alle doelen bereikt die ik voor vandaag had gesteld
3. Mijn collega Olivier heeft me een geweldig recept gegeven

Meer dan alleen een
dagboek

... wat de week- en maandrituelen je te bieden hebben

De vijf vragen van de week – de waarheid over jezelf

> *De vragen die een mens stelt,*
> *zeggen meer over hem dan de antwoorden die hij geeft.*
> PIERRE-MARC-GASTON

Iedereen is op zoek naar antwoorden. We zijn geneigd te denken dat antwoorden de oplossing bieden en dat we dan gelukkig zullen zijn. School en werk hebben ons geleerd zo te denken. Van examen naar examen, van opdracht naar opdracht; het resultaat telt. Het 'goede' antwoord levert een hoog cijfer op, en van onze baas krijgen we een schouderklopje als we goed werk afleveren. Maar het einddoel is niet het enige wat telt in het leven: het gaat ook om de reis, met alle zijweggetjes, hobbels en bobbels onderweg. Dat onze maatschappij zoveel waarde hecht aan antwoorden en resultaten zien we terug in ons persoonlijke leven.

We stellen onszelf vaak niet de juiste vragen of stellen te weinig vragen. Dat komt doordat we te veel gericht zijn op snelle oplossingen en direct resultaat. Antwoorden geven ons het idee dat we niet verder hoeven te zoeken omdat we alles al hebben ontdekt. Vragen dwingen ons verder te denken en nieuwe dingen te ontdekken. Het proces van vragen stellen en ermee aan de slag gaan zorgt ervoor dat we ons verder ontwikkelen en groeien. Ray Dalio, de oprichter van het succesvolste hedgefonds ter wereld, zegt hierover: 'Slimme mensen stellen intelligente vragen; ze denken niet dat ze alle antwoorden al hebben. Goede vragen zijn een veel betere voorspeller van succes dan goede antwoorden.'[14] Als je dus verder wilt leren, meer wilt groeien en vooruit wilt met je leven, moet je leren om vragen te stellen. De vijf vragen van de week helpen je op weg.

De vijf vragen van de week zijn elke week anders. De vragen zijn diepzinnig, boeiend, vermakelijk, inspirerend, of een combinatie van allemaal. Als een vraag je niet aanspreekt, mag je hem overslaan. Nog beter is er een kruisje bij te zetten en de vraag een paar weken later nog eens te bekijken. Probeer te ontdekken waarom die vraag zoveel weerstand bij je oproept. De vragen die jou een ongemakkelijk gevoel bezorgen zijn vaak de vragen die je het beste inzicht in jezelf geven. Bedenk ook dat er niet één goed antwoord is, vooral bij de vragen die dieper graven.

> *Succesvolle mensen stellen betere vragen en krijgen daarom ook betere antwoorden.*
>
> TONY ROBBINS

De meeste antwoorden, in de wetenschap, in je professionele of privéleven, zijn tijdelijk en veranderen met de tijd; de fundamentele vragen blijven echter hetzelfde. Vandaag geef je misschien wel een heel ander antwoord dan over een maand of een jaar. Bij de vijf vragen van de week draait het niet om je antwoorden. Het gaat om de kostbare momenten dat je naar jezelf luistert terwijl je op zoek gaat naar de antwoorden en erover nadenkt.

> *Wie zichzelf een beetje wil leren kennen,*
> *moet zichzelf een beetje bestuderen.*
> IVAN SERGEJEVITSJ TOERGENJEV

De gelukkigste mensen zijn mensen die ontdekken hoe ze in elkaar zitten en hun manier van leven daarop aanpassen. De vijf vragen van de week hebben als doel je te laten ontdekken hoe je precies in elkaar zit. Zo leg je een fundament voor een fijn leven. Als je echt met de vragen aan de slag gaat, krijg je een unieke blik achter de schermen van je eigen persoonlijkheid. De vragen zijn bedoeld om je te prikkelen, je uit te dagen zodat je diep in jezelf graaft en nadenkt over hoe je in het leven staat. Zo krijg je helder op een rijtje wat je angsten, verlangens en doelen zijn. Je haalt dingen naar boven uit de verste hoekjes van je bewustzijn; dingen die je had verdrongen en was vergeten. Zo ontdek je verrassende feiten over jezelf. Je gaat jezelf van een heel andere kant bekijken, waardoor je gedachten een nieuwe weg inslaan en je deuren kunt openen die eerst dicht waren. Je leert open te staan voor nieuwe uitdagingen.

Je uitdaging van de week – stap uit je comfortzone

Dit *6 minuten dagboek* geeft je elke week een unieke uitdaging iets goeds te doen voor anderen of voor jezelf. In het begin lijkt het misschien onmogelijk, maar op de lange termijn zul je er beter van worden. De natuur heeft je zo geprogrammeerd dat je jezelf moeite en inspanning wilt besparen. Dat verklaart waarom mensen meestal sceptisch zijn over nieuwe en onbekende dingen. Ze verwerpen het nieuwe omdat ons onderbewustzijn nieuwe dingen als een bedreiging beschouwt. We blijven dus het liefst lekker knus in onze comfortzone. We willen op bekend terrein blijven, waar zo min mogelijk stress is en we geen risico lopen. Waar geen angst is en alles min of meer veilig en voorspelbaar is. Je wilt een afgetraind lichaam hebben maar niet naar de sportschool en ook geen weerstand bieden aan ongezonde snacks. Je droomt liever van een prachtige bruiloft met je perfecte partner in plaats van de eerste stap zetten en een echte date te regelen.

Maar omdat je dit dagboek in je handen hebt, is de kans groot dat je iets meer openstaat voor nieuwe dingen dan de meeste mensen. Als je de uitdagingen aangaat en bereid bent nieuwe ervaringen op te doen, zul je leren, flexibel blijven en jezelf ontwikkelen. De uitdagingen dwingen je over je eigen schaduw te springen. Dat gaat tegen alle natuurwetten in en is daarom natuurlijk onmogelijk, maar in gedachten kan het wel. Zoals Tim Ferriss, de stem achter de meest gedownloade podcast ter wereld, zei: 'Hoe succesvol iemand is, valt meestal af te lezen aan het aantal ongemakkelijke situaties waarin hij bereid is te zijn.'[15] Of je nu meer succes wilt hebben in je werk of relaties, of geestelijk of lichamelijk gezonder wilt zijn: je doelen en je comfortzone wonen niet bij elkaar in de straat; ze hebben zelfs niet eens dezelfde postcode. Het is daarom wel eenvoudig maar niet goed om het gemakkelijke als goed aan te nemen. Als je werkelijk vooruitgang wilt boeken, moet je persoonlijke groei buiten je comfortzone plaatsvinden. Je moet uit je veilige en comfortabele nestje springen; niemand heeft daar meer voordeel van dan jijzelf.

De maandelijkse controle – een momentopname van jezelf

Alleen de slimste mensen gebruiken hun scherpzinnigheid om niet alleen over andere mensen te oordelen maar ook over zichzelf.
MARIE VON EBNER-ESCHENBACH

Je stemming, mindfulness, eetgewoonten, financiën, plezier in het leven... hoe zie je de verschillende aspecten van je leven? In dit deel ga je het grotere plaatje bekijken. Zo kun je zien hoe de verschillende aspecten van je leven in de loop van de tijd veranderen. Als je begint, kijk je hoe je ervoor staat en in de maanden die volgen kun je zien hoe de verschillende onderdelen van je leven zich ontwikkelen. Kijk alvast even (blz. 68). Als een van de categorieën je niet aanspreekt, laat je die gewoon open of vervang je deze door iets anders waarvan je vindt dat het juist ontbreekt. Maak dit dagboek zo persoonlijk mogelijk, druk er je eigen unieke stempel op.

De maandelijkse gewoontetracker – maak van goede voornemens vaste gewoonten

Goede gewoonten zijn heel belangrijk voor een goed leven. Daarom hebben we er een heel hoofdstuk aan gewijd. Het is ook de reden dat we de maandelijkse gewoontetracker in het dagboek hebben opgenomen (blz. 69). Wat je ook aan je leven wilt veranderen, als je wilt dat de veranderingen blijvend zijn, zul je goede gewoonten moeten aanleren. Die gewoonten kun je met kleine, realistische stappen opbouwen. De maandelijkse gewoontetracker biedt je een uniek hulpmiddel om gewoonten aan te leren en ongewenste gewoonten af te leren.

De basisprincipes
... de theorie achter dit praktische boek

Dit boek gaat uit van drie basisprincipes: positieve psychologie, gewoonten en zelfreflectie. Het onderzoek op het gebied van positieve psychologie vormt de theoretische basis, maar we gaan ook in op de basisprincipes achter gewoonten en zelfreflectie. Als je die principes goed toepast, kun je bijna alles wat je wilt in het leven bereiken. Sommige van deze dingen weet je misschien al, diep vanbinnen, maar in de dagelijkse drukte van werk, de zorg voor anderen en jezelf vergeet je ze gemakkelijk. De basisprincipes zorgen ervoor dat je de theorie achter de principes begrijpt en dat je je die eigen maakt. Het dagboek biedt de gelegenheid ze van dag tot dag in de praktijk te brengen.

Basisprincipe 1: positieve psychologie
... de wetenschap die mensen gelukkiger maakt

Wat is positieve psychologie? De psychologie heeft zich niet altijd beziggehouden met geluk. Tot eind jaren negentig was het wetenschappelijk onderzoek in de psychologie vooral gericht op de negatieve kanten van het menselijk bestaan. De nadruk lag op de behandeling van psychische aandoeningen en hoe mensen moesten omgaan met lastige zaken zoals depressie en psychische instorting. Een van de belangrijkste redenen hiervoor was dat het wetenschappelijk onderzoek afhankelijk was van overheidsgeld. Na de Tweede Wereldoorlog ging dit geld bijna helemaal naar de behandeling van psychische aandoeningen die waren veroorzaakt door de oorlog. In de vijftig jaar die volgden, veranderde daar weinig aan. Niemand keek naar de mensen die geen last hadden van psychische aandoeningen of ziekten. Mensen die, over het algemeen genomen, best tevreden waren met hun leven; kortom, 'normale' mensen. Nu zou je kunnen denken dat normale mensen dus ongelukkig zijn, maar dat klopt niet. De cijfers spreken voor zich. Op basis van 146 verschillende onderzoeken werden in totaal 188.000 volwassenen (onder wie 18.000 studenten) uit zestien landen ondervraagd. De meesten omschreven zichzelf als 'tamelijk gelukkig.'[16] Zoals altijd bevestigen de uitzonderingen de regel: in perioden van oorlog of politieke onderdrukking, zoals de apartheid in Zuid-Afrika of genocide in Cambodja, is het beeld anders, maar als je vandaag de dag over straat loopt, mag je er gerust van uitgaan dat de meeste mensen gelukkig zijn, niet ongelukkig. Dezelfde onderzoeken hebben aangetoond dat het geluk gelijkmatig verdeeld is over verschillende leeftijdsgroepen, geslacht, inkomensgroepen en landen.

Hoe maak je mensen gelukkiger?

Wat maakt het leven de moeite waard? Wat zorgt ervoor dat mensen zich prettig voelen en hoe kunnen ze een fijn leven creëren? Hoe kun je mensen gelukkiger maken en meer voldaan, zonder dat je steeds fouten en tekortkomingen moet herstellen? Als je het subjectieve welzijn van een mens een cijfer moest geven op een schaal van -10 (diepe ellende) tot +10 (superblij), dan is de belangrijkste vraag binnen de positieve psychologie: Hoe kun je het welzijn van iemand optrekken van 1 naar 4 of van 5 naar 8, in plaats van het met veel moeite omhoog sleuren van -8 naar -3 of van -2 naar 0?

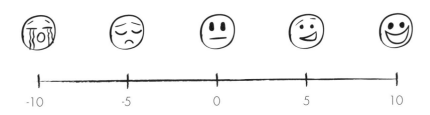

De vraag is dus hoe je bloemen die al gedijen beter kunt laten bloeien, niet hoe je kwijnende bloemen tot leven kunt wekken. Positieve psychologie onderzoekt het menselijk welzijn; wat er nodig is voor een goed en betekenisvol leven.

Het goede leven moeten we even apart uitleggen

Vroeger dacht men dat als iemand van -5 naar 0 ging, die persoon dan gelukkig was. Uit onderzoek blijkt dat dit een denkfout is. Intuïtief weten we ook wel dat het niet klopt. Dat iemand niet langer depressief is, wil niet zeggen dat hij 's ochtends vrolijk en enthousiast uit bed springt, klaar voor een nieuwe dag. Als iemand van iets genezen is, leidt dat niet automatisch tot een gelukkig leven. Anders gezegd: een nul op de schaal verschilt wezenlijk van alles boven nul. We moeten eerst uitzoeken wat een goed leven inhoudt en het apart uitleggen. We kunnen de theorie van de traditionele (op het negatieve gerichte) psychologie niet gewoon omdraaien. Positieve psychologie richt zich daarom niet op ziekten en aandoeningen. Het onderzoek is er vooral op gericht hoe het welzijn van mensen duurzaam en langdurig in stand kan worden gehouden.

De tijd is eindelijk rijp voor een wetenschap die positieve emoties wil leren begrijpen, kracht en deugdzaamheid wil opbouwen, en die een wegwijzer wil bieden naar wat Aristoteles het 'goede leven' noemde.
MARTIN SELIGMAN

Iedereen kan de oplossing vinden van het geluksvraagstuk!

Positieve psychologie staat en valt met de betrouwbaarheid van de wetenschappelijke resultaten waarop het is gebaseerd. Tot nu toe zijn die resultaten behoorlijk indrukwekkend. Hoewel voor bijna elke wetenschappelijke theorie wel een tegenargument te bedenken is, zijn er geen wetenschappelijk bewezen tegenargumenten gevonden voor de belangrijkste boodschappen van positieve psychologie. Positieve psychologie heeft de volgende punten aangetoond:

1. Dankbaarheid is van fundamenteel belang voor iemands welzijn.
2. Een rijk leven is belangrijker dan rijkdom; materiële zaken zoals maatschappelijke status of geld spelen geen doorslaggevende rol bij persoonlijk geluk.
3. De relaties die iemand heeft zijn van fundamenteel belang voor zijn subjectieve gevoel van welzijn.
4. Geluk kun je leren. Je kunt gelukkig worden; het is geen kwestie van het lot of voor- of tegenspoed.

Dit dagboek is geen roze bril

Het doel van dit *6 minuten dagboek* is je de gewoonte aanleren om je te richten op de dingen die je blij maken. Daarnaast kun je er met behulp van dit boek ook achter komen wat die dingen zijn. Het is niet de bedoeling dat je het leven door een roze bril gaat bekijken of dat je negatieve gevoelens onderdrukt of ontkent. Het is wel de bedoeling dat je een wat optimistischer kijk op het leven ontwikkelt. Overal een lintje om binden en doen alsof het leven bestaat uit eenhoorns en regenbogen is niet vol te houden. Tegen alles in positief denken is nooit een goede aanpak. Het avondritueel uit het dagboek bevat daarom ook een deel waarin wordt uitgelegd hoe je jezelf kunt verbeteren.

> *Verdriet is een van de vibraties die bewijzen dat we bestaan.*
> ANTOINE DE SAINT-EXUPÉRY

Het gaat erom dat je je richt op mogelijkheden, niet op de hindernissen. Een flinke portie optimisme geeft je hoop, en een beetje pessimisme voorkomt overdreven zelfvoldaanheid. Realisme helpt je een onderscheid te maken tussen de dingen die je kunt beïnvloeden en de dingen waar je geen controle over hebt.

Omarm je verdriet, dan waardeer je je geluk des te meer

Je leven wordt niet zozeer bepaald door wat het leven je brengt als wel door de houding waarmee je het leven tegemoet treedt; niet zozeer door wat je overkomt als wel door hoe je naar de dingen kijkt die je overkomen.
KAHLIL GIBRAN

Ken jij mensen die altijd maar dolgelukkig lijken, ongeacht de situatie of de omstandigheden? De kans is groot dat die persoon zich vanbinnen heel anders voelt dan hij aan de buitenkant laat merken. Als je negatieve emoties ontkent, worden ze nog negatiever en houden ze bovendien langer aan.[17]

Moed is weerstand bieden aan angst en angst overwinnen, niet de afwezigheid van angst.
MARK TWAIN

Onze moderne maatschappij wordt gekenmerkt door een consumptiecultuur en sociale media die vooral lijken te draaien om: 'Ik ben zo gelukkig, ik ben verliefd, ik ben sexy!', 'Ik ben bijzonder en uniek omdat ik iets anders doe dan anderen!' of 'Hé! Kijk mij eens! Mijn leven is veel cooler dan dat van jou!' Er is inmiddels een hele generatie opgegroeid met de gedachte dat negatieve emoties zoals angst, bezorgdheid, verdriet, schuld, enz., verkeerd zijn. Het punt is alleen dat we de positieve gevoelens niet kunnen ervaren zonder negatieve gevoelens. Er is geen yang zonder yin, geen moed zonder angst, geen licht zonder donker, geen leven zonder dood, geen ontspanning zonder spanning, geen blijdschap zonder verdriet. Negatieve gevoelens zijn in zekere zin een absolute randvoorwaarde om geluk te kunnen voelen en in dat opzicht zelfs gezond.

Hoe eerder je accepteert dat je verdriet en pijn niet volledig kunt vermijden, hoe eerder je stopt met je geluk ontlopen. Je kunt geen eeuwig perfect geluk maken, maar het wel zo groot mogelijk maken. Je kunt geen perfect leven leiden, maar wel een goed leven. Het *6 minuten dagboek* bezorgt je geen puur geluksgevoel, maar als je het gebruikt zoals het is bedoeld, zul je gelukkiger zijn dan ooit. Je zult jezelf beter kennen, meer van jezelf houden en dichter bij je doelen komen.

> **"**
> *De mens zou niet kunnen leven als hij volledig ongevoelig was voor droefheid.*
> ÉMILE DURKHEIM

Basisprincipe 2: gewoonten
... de snelweg naar de beste versie van jezelf

Alle mensen zijn gelijk van aard.
Alleen hun gewoonten verschillen.
CONFUCIUS

Mensen zijn gewoontedieren. Van alle beslissingen die we dagelijks nemen, nemen we er 95 procent onbewust.[18] Ons onderbewustzijn neemt die beslissingen in milliseconden op basis van routine en automatismen. Gemiddeld 70 procent van onze dagelijkse gedachten is van dag tot dag identiek en 40 procent van onze gedragingen herhalen we elke dag, puur uit gewoonte.[19] Dat verklaart waarom het zo lastig is om het gewoontedier een nieuw kunstje te leren.

Stel je het volgende scenario voor: een radiostation heeft een spelprogramma met een prijs van 50.000 euro. De presentator, Hailey Brooks, zal ergens in de komende week een willekeurig lokaal nummer bellen. Als je de telefoon opneemt en de naam van de presentator noemt, niet je eigen naam, win je de 50.000 euro. Je staat 45.000 euro rood; met die prijs zou je die schuld kunnen afbetalen. Iedereen in de stad praat over het spel. Je hebt toevallig een week vrij en tot nu toe heb je elk telefoontje opgenomen met 'Hailey Brooks'. Het is zaterdagavond en over 3 minuten begint de volgende aflevering van *Game of Thrones*. Je maakt nog even iets te eten voor bij de televisie als de telefoon gaat. Het enige waaraan je kunt denken is dat je niet het begin van de aflevering wilt missen vanwege een of ander stom telefoongesprek. Haastig neem je de telefoon op en... je antwoordt met je eigen naam! Uiteraard is de beller Hailey Brooks en loop je de prijs van 50.000 euro mis. Hoe kon dat in hemelsnaam gebeuren? Heel simpel: je gewoontedier heeft weer even laten zien wie de baas is. Hoe goed je dat geld ook kon gebruiken, goede voornemens en gewoonten zijn twee heel verschillende dingen!

Je kon je gewoonte niet veranderen in een paar dagen en je gewoontedier uit zijn hok laten ontsnappen. Het kost ongeveer 66 dagen om een gewoonte af te leren. Hierover later meer. Dat geldt voor elke vorm van gedragsverandering. Je kunt dus niet in een paar dagen je leven in een meer positieve richting sturen. Het zal dus ook meer dan een paar dagen duren voor dit dagboek volledig effect heeft op je leven. Omdat je het langer dan 66 dagen moet bijhouden (eigenlijk een half jaar, om precies te zijn), heb je meer dan genoeg tijd om een gewoonte af of aan te leren. Voor een succesvolle verandering moet je kleine stapjes nemen, geen grote. Begin dus klein, maar met grote dromen, en je zult zien dat je gewoonten een onderdeel gaan vormen van wie je bent.

> *Wij vormen eerst onze gewoonten, en daarna vormen onze gewoonten ons.*
>
> — JOHN DRYDEN

Wilskracht is beperkt aanwezig

De mens loopt 's ochtends met zijn hele lichaam,
maar 's avonds alleen met zijn benen.
RALPH WALDO EMERSON

Heb jij ook wel eens van die drukke dagen waarop je allerlei beslissingen moet nemen en je 's avonds volledig uitgeput thuiskomt? Zijn dat de dagen waarop je moeite hebt je spontane impulsen in bedwang te houden? Waarop je afwijkt van je dieet, zit te niksen, een belangrijke taak uitstelt of snel afgeleid bent? Waarom gebeurt dit zo vaak aan het einde van de dag?

De radijsjes van Roy Baumeister

Onderstaand experiment, dat werd uitgevoerd door dr. Roy Baumeister, een bekende sociaal psycholoog, werpt misschien wat licht op de zaak. De deelnemers kregen te horen dat ze voor het experiment niets mochten eten. Daarna werden ze in een kamer gezet waar ook een schaal versgebakken chocoladekoekjes stond en een kommetje radijsjes. Groep 1 mocht eten wat ze wilde, maar groep 2 alleen de radijsjes. Meteen daarna moesten beide groepen een puzzel oplossen. Die puzzel was onoplosbaar, maar dat wisten de groepen niet. Groep 1 gaf het na 20 minuten op, terwijl groep 2 gemiddeld al na 8 minuten de handdoek in de ring gooide, een significant verschil. De radijsjeseters gaven het al zo snel op omdat al hun wilskracht was opgegaan aan het weerstaan van de koekjes. Toen ze de puzzel moesten maken, hadden ze niet genoeg wilskracht meer over voor weer een inspannende taak. Het kwam niet doordat sommige deelnemers meer honger hadden. Uit verder onderzoek bleek dat we maar over een beperkte hoeveelheid wilskracht per dag beschikken.[20] Die wilskracht gaat niet alleen op aan het weerstaan van verleidingen, maar ook aan het nemen van besluiten. Dat verklaart waarom Steve Jobs altijd dezelfde coltrui droeg en Barack Obama en Mark Zuckerberg altijd hetzelfde pak respectievelijk T-shirt aanhadden. Het is gewoon weer een besluit minder dat ze hoeven te nemen. Als je 's ochtends voor je kast staat en moet kiezen wat je gaat aantrekken, of in bed ligt en nadenkt of je weer op de snoozeknop moet drukken, kan dat kostbare energie kosten. Omdat de wilskracht in de loop van de dag minder wordt, is die tegen de avond allemaal weg, waardoor de kans veel groter is dat je toegeeft aan grillen, impulsen en verlangens. Goede gewoonten kunnen dit voorkomen. Over gewoonten hoef je niet na te denken.

> *Motivatie zet je aan de slag.*
> *Gewoonte houdt je aan de gang.*
> JIM ROHN

Daarom zijn goede gewoonten zo ongelofelijk belangrijk: ze helpen ons op wilskracht te besparen

Na 500 biceps curls kun je je arm nauwelijks nog optillen. Na het nemen van talloze beslissingen en het weerstaan van allerlei verleidingen kan ook je wilskracht niet meer optimaal presteren. Daarom grijp je na een zware dag op je werk eerder naar de bak met Ben & Jerry's of neem je dat tweede glas wijn. Het verklaart ook waarom studenten die extreem hard hebben gestudeerd voor een tentamen na afloop vaak volledig uit de band springen.

Waarom zou je de hele dag lang telkens weer gezonde beslissingen willen nemen? Waarom zou je elk besluit afzonderlijk moeten afwegen? Zal ik nu een glas cola nemen of water? Ga ik sporten of netflixen? Zal ik een salade nemen of een cheeseburger? Is het niet veel eenvoudiger om één keer te kiezen voor gezond eten als gewoonte, zodat je daarna nooit meer hoeft te kiezen? Diezelfde logica is ook van toepassing op elk ander aspect van je leven. Het aanleren van een nieuwe gewoonte vereist in het begin natuurlijk juist veel wilskracht, maar zodra je eenmaal op koers van die goede gewoonte zit, kun je je handen van het besluitenstuur halen en je voet van het wilskrachtpedaal. Je kunt nu op de cruisecontrol van je gewoonten rijden en al die handelingen op de automatische piloot doen. Het leven wordt eenvoudiger en veel dagelijkse beslommeringen en zorgen verdwijnen. **Dingen die vroeger veel pijn en moeite kostten, zijn nu een peulenschil.**

Als je dit dagboek regelmatig gebruikt, wordt een optimistische levenshouding een van je nieuwe gewoonten. Door die nieuwe gewoonte verspil je niet langer kostbare wilskracht aan het bewust dingen door een meer optimistische bril zien. Dat doe je namelijk vanzelf al. Rituelen en automatische reacties maken het leven eenvoudiger doordat ze je hersenen niet onnodig belasten. Hoe minder kleine beslissingen je in de loop van de dag hoeft te nemen, hoe effectiever je de belangrijke beslissingen neemt. Zo blijven er voldoende tijd en hersencapaciteit over voor als je die echt nodig hebt, dus voor de lastige, belangrijke en dringende zaken die je aandacht vragen.

Wetenschappelijk bevestigd: een gewoonte aanleren kost 66 dagen

De psycholoog dr. Phillippa Lally bedacht een experiment om uit te vinden hoelang het duurt voordat je een nieuwe gewoonte aanleert. Het onderzoek werd uitgevoerd onder iets minder dan honderd mensen met een gemiddelde leeftijd van 27 jaar. De deelnemers moesten gezond leven en dat 84 achtereenvolgende dagen volhouden. Ze konden kiezen uit elke dag 15 minuten wandelen, elke dag lunchen met fruit of elke ochtend 50 sit-ups doen. Het experiment toonde aan dat er gemiddeld 66 dagen zaten tussen het bewuste besluit om de handeling te verrichten en het moment dat het een automatische gewoonte werd.[21] Bij complexe handelingen duurt het proces iets langer dan bij eenvoudige. In dit experiment was het eten van een stuk fruit bij de lunch een eenvoudige handeling en elke ochtend 50 sit-ups doen een complexe. Zelfs de mensen die af en toe een dag oversloegen, bereikten uiteindelijk hun doel. Dat betekent ook dat je met behulp van dit dagboek je huis van geluk kunt bouwen, zelfs als je een dag of twee geen baksteen toevoegt. Kortom:

1. Na ongeveer 66 dagen wordt een nieuwe handeling automatisch; ze wordt onderdeel van je leven.
2. Gewoonten aanleren is geen kwestie van alles of niets. Je mag af en toe best een dag overslaan.

> Dit *6 minuten dagboek* is zo bijzonder omdat elke alinea uit het ochtend- en avondritueel automatisch leidt tot een nieuwe, goede gewoonte. Na ongeveer 66 dagen wordt die gewoonte een onderdeel van wie je bent. De komende 6 maanden spin je elke ochtend en elke avond een paar nieuwe draden voor een web van goede gewoonten.

Kijk uit voor je gedachten, het worden woorden.
Kijk uit voor je woorden, het worden daden.
Kijk uit voor je daden, het worden gewoonten.
Kijk uit voor je gewoonten, het worden karaktertrekken.
LAO TZU

Je kunt je wilskracht trainen, net als je biceps

Wat gebeurt er in die 66 dagen? Je zelfbeheersing wordt aangestuurd door de prefrontale cortex in je hersenen en dit is dan ook de plek waar de wilskracht zit. Net als een spier wordt de prefrontale cortex moe als je hem veel gebruikt. Van intensief gebruik worden spieren moe, maar als je ze regelmatig traint, worden ze juist sterker. Je kunt je wilskracht ook tot op zekere hoogte trainen en krachtiger maken, net als een spier. Bij verhoogde hersenactiviteit worden nieuwe zenuwbanen gevormd en bestaande banen verstevigd. Het deel van de hersenen wordt groter.[22] Wat we bij door sport of krachttraining gevormde spieren spiergroei of hypertrofie noemen, heet in het centraal zenuwstelsel (hersenen en ruggenmerg) neuroplasticiteit. Als je elke ochtend twee stuks fruit wilt eten of wilt mediteren, zijn je zenuwbanen hier na ongeveer 66 dagen voor geherprogrammeerd met behulp van neuroplasticiteit. De 'installatie' in je hersenen is dan voltooid en kan voorlopig niet worden teruggedraaid. Hetzelfde geldt voor een positieve houding of groeihouding. Je kunt je hersenen hiervoor opnieuw bedraden.

Het effect van samengestelde rente

Toen Albert Einstein werd gevraagd naar de sterkste kracht in het universum, antwoordde hij spontaan: 'De kracht van samengestelde rente.' Warren Buffet, misschien wel de succesvolste investeerder ooit, gaf hetzelfde antwoord toen hem werd gevraagd naar de belangrijkste factor van zijn succes. Aangezien deze twee heren tamelijk goede bronnen zijn, zullen hun opmerkingen wel kloppen. Wanneer je 10.000 euro investeert tegen een jaarlijkse rente van 5 procent, heb je na 1 jaar 10.500 euro en na 20 jaar 27.000 euro. De meeste mensen zullen dit effect van samengestelde rente en wat het betekent voor onze spaarrekening wel kennen, maar je kunt er ook profijt van hebben zonder dat je geld investeert. Als je elke dag 1 procent beter wordt, komt dat samengesteld na een jaar neer op 3778 procent. Je bent dan dus 38 keer beter dan toen je begon. Dit groei-effect is ook te zien bij menselijke gewoonten. De rente staat hierbij voor de stapjes die we elke dag nemen. In de loop van de tijd zal het resultaat van die stapjes exponentieel groeien. Het zijn niet die paar besluiten van gigantische omvang die ons gelukkig maken, maar het totaal van heel veel kleine beslissinkjes.

> *Kleine, slimme keuzes + consequentheid + tijd =*
> *RADICAAL VERSCHIL*
> DARREN HARDY

Een praktisch voorbeeld: als je elke dag 10 minuten leest over 'persoonlijke ontwikkeling', zal dat op de korte termijn weinig verschil uitmaken. Maar na een maand krijg je hierdoor al belangrijke ideeën en inzichten. Zo zou je kunnen besluiten dat je meer dankbaarheid en waardering wilt tonen in je leven. Na nog eens een maand stuit je tijdens die dagelijkse 10 minuten op dit *6 minuten dagboek*. Je besluit het te lezen, in de overtuiging dat de tijd die je elke dag aan persoonlijke ontwikkeling besteedt met dit boek goed gevuld zal zijn. Het zal je zelfs 4 minuten per dag besparen. Je probeert dankbaarder te zijn en merkt dat er kleine, ogenschijnlijk irrelevante positieve veranderingen optreden. Drie maanden later zijn dankbaarheid en mindfulness een onlosmakelijk onderdeel van je leven. Op de lange termijn zijn je relaties hierdoor beter, ben je tevredener over je leven en sta je optimistischer in het leven. Je slaapt beter, kunt beter omgaan met tegenslagen en je leven is langer en meer bevredigend. **In het begin zijn de effecten minimaal, maar in de loop van de tijd worden ze ingrijpend!**

> *Train jezelf, in hemelsnaam met kleine dingen,*
> *en ga dan over op grotere zaken.*
> EPICTETUS

Op één goede gewoonte volgen vaak meer

Er is nog een overeenkomst tussen samengestelde rente en gewoonten: zodra je de eerste stap hebt gezet, volgen de overige stappen vaak vanzelf. Zodra je een goede gewoonte hebt aangeleerd, vormt die vaak een voedingsbodem waarin andere goede gewoonten kunnen groeien, net zoals de samengestelde rente die zelfstandig doorwerkt zodra het geld is geïnvesteerd of gestort. Als we de vergelijking met geldzaken doortrekken, zou je kunnen zeggen dat verschillende gewoonten een hoge of lage rente hebben. Je kunt je energie, discipline en wilskracht beter in sommige gewoonten investeren dan in andere. Gewoonten met een hoge rente worden wel 'hoeksteengewoonten'[23] genoemd. Bekende voorbeelden zijn sporten, meditatie, lezen of schrijven. Eenmaal aangeleerde hoeksteengewoonten dringen door in andere delen van je leven, waardoor andere wenselijke gewoonten je natuurlijker afgaan en minder saai worden. Waarom zou je tientallen gewoonten proberen te veranderen als je je doel ook kunt bereiken door er maar een paar te veranderen? Gebruik je energie slim en probeer eerst die gewoonten te ontwikkelen; zij zorgen ervoor dat andere gewoonten veranderen of verdwijnen. Dat is precies wat je doet als je dit dagboek gebruikt: je leert jezelf een belangrijke hoeksteengewoonte aan. Het *6 minuten dagboek* zal je leven exponentieel verrijken omdat je hierdoor meerdere goede gewoonten aanleert, zoals optimisme, dagelijkse dankbaarheid en groei door reflectie.

> *Samengestelde rente is het achtste wereldwonder. Wie het begrijpt, verdient het..., wie het niet begrijpt... betaalt het.*
> ALBERT EINSTEIN

Meerdere onderzoeken hebben de effectiviteit van hoeksteengewoonten aangetoond. Bij een van die onderzoeken moesten de deelnemers twee maanden lang gewichtheffen. Een positieve gewoonte leidde tot een andere gewoonte, en de deelnemers begonnen al snel gezonder te eten, dronken minder alcohol en rookten minder, studeerden harder en ruimden zelfs vaker hun kamer op.[24] In een ander onderzoek moesten de deelnemers vier maanden lang gedetailleerd hun aankoopgedrag bijhouden. Na afloop stonden ze er niet alleen financieel beter voor: ze aten gezonder, dronken minder alcohol en cafeïne, rookten minder, sportten meer en waren productiever op het werk.[25] Klinkt dat bekend? Wanneer heb jij jezelf voor het laatst een positieve gewoonte aangeleerd? Merkte je toen ook dat andere positieve gewoonten als vanzelf volgden?

Waar het om gaat

Gewoonten zijn de beste manier om je doelen te bereiken. Gebruik dit dagboek elke dag en laat jezelf versteld staan. Er is geen lift naar succes. Je zult de trap moeten nemen.

Basisprincipe 3: zelfreflectie
... waarbij je jezelf ziet en wat jou gelukkig maakt

Wat hebben alle onderdelen van het ochtend- en avondritueel met elkaar gemeen? Als je ze goed uitvoert, maken ze je stap voor stap gelukkiger. Elk onderdeel van deze dagelijkse routines zet namelijk een waardevol reflectieproces in beweging.

Wat is een reflectieproces?

Reflectie is een proces waarbij je de handelingen in het verleden, heden en toekomst met elkaar in verband brengt. Daarbij gaat het er vooral om hoe je denkt, niet wat je denkt. Met andere woorden, het draait om het gedachteproces (denk hieraan bij de vijf vragen van de week en het avondritueel). Je analyseert je daden aan de hand van eerdere ervaringen of doelen die je jezelf hebt gesteld. Die analyse helpt je bij het bedenken van keuzes en besluiten over hoe je verder wilt.[26] Zelfreflectie is een soort lift naar je onderbewustzijn, waar je het controlecentrum wat beter kunt bestuderen. Hier kun je op je gemak tot inzicht komen en alle mechanismen en patronen bestuderen die jouw manier van doen en laten aansturen, je gevoelens en je manier van denken. Door dat proces leer je nieuwe dingen over jezelf en maak je een ideaal hulpmiddel dat je kunt gebruiken bij eventuele gedragsveranderingen.

Wat heeft de wetenschap hierover te zeggen?

Volgens de wetenschap hebben mensen die in staat zijn tot zelfreflectie in vrijwel alle gebieden van het leven meer voordeel. Ze kunnen beter plannen, beter met hun emoties omgaan, zijn meer gedisciplineerd en gefocust, nemen meer weloverwogen besluiten en zijn bovendien beter in het voorspellen van mogelijke problemen.[27]

> *Je kunt een mens niets leren, je kunt hem alleen helpen het in zichzelf te vinden.*
> GALILEO GALILEI

Zelfreflectie als voorwaarde voor persoonlijke ontwikkeling

Hoe kun je jezelf verbeteren en je levensvreugde verhogen als je jezelf niet eens begrijpt? Hoe beter je jezelf kent en hoe opener je inwendige dialoog, hoe gladder de weg die voor je ligt zal zijn. Als je gelukkig wilt zijn, moet je voortdurend veranderen. Zorg er dus voor dat je niet vast komt te zitten in je eigen wereldbeeld en denkpatronen. Het kan handig zijn om je eigen daden van bovenaf te bekijken; dit bevordert een open dialoog met jezelf. Je emoties vormen vaak een soort dwangbuis, waardoor je onbewust weerstand biedt aan veranderingen en je in een bepaalde richting wordt geduwd. Bewuste zelfreflectie kan hierbij een uitgangspunt vormen voor verandering. Met behulp van zelfreflectie bestudeer je je emoties zonder dat je erdoor wordt opgeslokt. Je identificeert ze zonder dat je je ermee vereenzelvigt. Het is een manier om afstand te nemen van de draaikolk van je gedachten en de chaos van je emoties. Zo koppel je je gedrag los van de spontaniteit en willekeur van je emoties. Hoe vaker je het toepast, hoe gemakkelijker het je zal afgaan. Door het dagelijkse avondritueel, de vijf vragen van de week en door af en toe terug te lezen wat je in het dagboek hebt opgeschreven, leer je beter toezicht te houden over je eigen controlecentrum.

Kostbare minuten voor nog veel kostbaardere vragen

Waar ben je dankbaar voor en wat maakt je gelukkig? Hoe kun je dat in je leven verwerken? Heb je nooit gemerkt dat dit soort dingen ineens heel helder kunnen worden als je er op een rustig en kalm moment over nadenkt? In de drukte van het dagelijks leven worden je hersenen zo bestookt met prikkels dat ze haast geen onderscheid kunnen maken tussen je eigen gedachten en reacties op je omgeving. Dat is precies de reden waarom je het dagboek moet gebruiken vlak nadat je bent opgestaan en vlak voordat je naar bed gaat. Niets of niemand kan je dan storen. Jij bent alleen met je zelfreflectie.

VISA – geen reflectie, geen succes

Als iemand waar dan ook ter wereld een creditcard tevoorschijn haalt, is de kans groot dat het een VISA-card is. Iedereen heeft wel van VISA gehoord, maar wie kent Dee Ward Hock, de man die VISA in 1968 oprichtte? Hij is al tientallen jaren directeur van VISA en wordt beschouwd als een voortrekker in de zakelijke wereld. Na vijftig jaar ervaring met management is hij ervan overtuigd geraakt dat zelfreflectie de sleutel vormt tot succes. Volgens hem zouden mensen vijftig procent van hun tijd aan zelfmanagement moeten doen om zo hun doelen, drijfveren en waarden, en hun eigen gedrag, beter te begrijpen.

Zelfreflectie als een voortdurend proces

> *Een mens is nooit lang hetzelfde. Hij verandert voortdurend.*
> *Hij blijft zelfs zelden een halfuur hetzelfde.*
> GEORGE GOERDJEV

Het is niet zo dat je op een dag wakker wordt en dan ineens fundamenteel bent veranderd. Je identiteit verandert geleidelijk, als het zand op het strand, dat langzaam en voortdurend nieuwe vormen en structuren aanneemt. Je moet de antwoorden op de belangrijkste levensvragen daarom telkens opnieuw formuleren en overwegen. Laten we ons pensioen als voorbeeld nemen. Maar weinig mensen zullen op hun vijftiende geïnteresseerd zijn in hun pensioen. Tien tot vijftien jaar later ziet het er al heel anders uit. Financiële zekerheid wordt dan belangrijker en kan een belangrijke factor zijn bij hoe tevreden mensen zijn over hun leven. De dingen waar je als tiener gelukkig van wordt zijn heel anders dan de dingen die je tien jaar later gelukkig maken. Dat verklaart ook waarom er soms maanden, jaren of zelfs decennia verstrijken voordat we merken dat we veranderd zijn. Hoe beter je die veranderingen die je voortdurend ondergaat volgt en begrijpt, hoe beter het inwendige kompas wordt dat je gebruikt bij het nemen van beslissingen. Goede zelfreflectie gaat niet over één nacht ijs, en je kunt je er ook niet met een jantje-van-leiden van afmaken. Het is een voortdurend proces, een eeuwigdurend gesprek met jezelf. Zoals bij alle gesprekken kan de kwaliteit enorm wisselen. Wanneer je een vraag als 'waar ben je dankbaar voor?' oppervlakkig en maar af en toe beantwoordt, zal het antwoord geen duurzaam effect hebben. Dit boek biedt je de gelegenheid die vragen regelmatig te beantwoorden. Duik dieper in jezelf en doe aan zelfreflectie. Het is een minimale inspanning die je maximaal resultaat oplevert.

Maar ik weet al wat ik wil...

Je denkt waarschijnlijk dat je het al weet: een leuk gezin, meer geld, lekker eten, onafhankelijkheid, (meer) seks, macht, plezier, afwisseling, vakantie, enzovoort. Oppervlakkig gezien weet je misschien wat je wilt, maar laten we eens dieper ingaan op wat je echt wilt en wat het leven voor jou betekenis geeft. Van welke alledaagse activiteiten word jij gelukkig? Wat doe jij specifiek van dag tot dag dat je dichter in de buurt brengt van een leven met meer betekenis? De kleine dingen zijn veel meer waard dan al je grootse plannen. Met het *6 minuten dagboek* kom je er vanzelf achter wat die activiteiten zijn. Als je ze regelmatig opschrijft, zal je onderbewustzijn ze beter onthouden en neem je ze overal mee naartoe (zie RAS, blz. 52). Hoe vaker je het doet, hoe vanzelfsprekender en natuurlijker die handelingen worden. Ze worden onderdeel van je dagelijkse routine en van jou.

De vraag 'wat wil je precies?' wordt steeds belangrijker…

Oude banen verdwijnen en nieuwe banen komen ervoor in de plaats. Oude kennis verliest waarde en nieuwe vaardigheden zijn gewild. Dankzij het internet is kennis toegankelijk voor iedereen. Blijven leren is daarom belangrijker dan ooit. Vroeger hadden we bewondering voor loyale werknemers die hun hele leven voor hetzelfde bedrijf bleven werken. Tegenwoordig komt dat nog maar zelden voor. Vroeger bleven mensen hun leven lang op dezelfde plek wonen, tegenwoordig is geografische flexibiliteit bijna een vereiste. Onze ouders doen vaak nog altijd hetzelfde werk als waar ze na school mee begonnen of deden dat tot hun pensioen. Het lijkt wel of mensen tegenwoordig vaker van baan wisselen dan van ondergoed. Van studie, beroep of werkgever veranderen is haast de norm. Door al die carrièremogelijkheden wordt het steeds moeilijker om één loopbaan te kiezen en je daaraan te houden. Die keuzeovervloed is ook terug te zien in andere aspecten van het leven. Er zijn talloze boeken over precies hetzelfde onderwerp, talloze producten met precies hetzelfde doel en talloze dienstverleners die precies dezelfde dienst verlenen. We krijgen steeds meer mogelijkheden gepresenteerd en steeds minder tijd om te kiezen. We kunnen door de bomen het bos niet meer zien.

Juist vanwege al die oneindige mogelijkheden en levenspaden is het zo belangrijk dat je jezelf afvraagt wat je nu precies wilt in het leven. Alleen zo kun je je richten op wat je voldoening geeft. Tientallen jaren onderzoek hebben aangetoond dat we heel slecht kunnen aangeven wat ons in het verleden gelukkig maakte. Als we proberen te bedenken waar we gelukkig van werden, laten we vaak onbewust belangrijke details weg of voegen ze toe, en vaak zijn dat juist details over dingen die ons gelukkig maakten.[28] **Als je het *6 minuten dagboek* gebruikt, voorkom je dat je ten prooi valt aan onnauwkeurige herinneringen. Zo kun je het mozaïek van je geluk beter reproduceren.** Natuurlijk krijg je dat inzicht niet als je nog maar drie dagen het dagboek hebt bijgehouden. Het duurt even voor het duidelijk wordt.

Hoe kun je beter onthouden wat je echt wilt dan door het elke dag op te schrijven? Waar kijk je naar uit, waar ben je dankbaar voor en welke dingen gaven je voldoening? Wanneer je die vragen elke dag beantwoordt, zet je elke keer weer de juiste processen in je hersenen in gang. Dit dagboek is een sleuteltje dat enorme deuren kan openen. Het kan de deur openen naar wat jou gelukkig maakt. Maar je zult zelf door de deur naar binnen moeten gaan.

> **"**
> *Als je niet weet naar welke haven je moet varen, maakt het niet uit hoe de wind staat.*
> LUCIUS ANNAEUS SENECA

Het
ochtendritueel

... en waarom het de perfecte start van de dag is

> *Bedenk bij het opstaan wat een eer het is om te mogen leven,*
> *te mogen ademen, te denken, te genieten, lief te hebben.*
> MARCUS AURELIUS

Hoe je dag verloopt, wordt vaak bepaald door hoe je de ochtend begint. Het ochtendritueel van het *6 minuten dagboek* moet ervoor zorgen dat er dopamine vrijkomt en dat je echt helemaal wakker wordt. Zo kun je de eerste momenten van je dag gebruiken om je batterijen op te laden met positieve energie en zo aan een productieve dag te beginnen. Het is alsof je een pijl en boog spant: je concentreert je op de dag die gaat komen, je spant de boog en maakt je klaar om op je doelwitten van die dag te schieten. Het doet er niet toe hoe laat je opstaat, het ochtendritueel is het belangrijkste ritueel. Probeer maar eens een succesvol mens te vinden zonder vast ochtendritueel; het is zoeken naar een speld in een hooiberg. Maar misschien ben je geen ochtendmens of denk je dat je 's ochtends geen tijd hebt. Lees dan even over de ochtendrituelen van een paar mensen die veel drukkere levens leiden dan gewone stervelingen zoals wij.

> *Wie te druk is met goed doen,*
> *heeft geen tijd om goed te zijn.*
> RABINDRANATH TAGORE

Barack Obama: de voormalige president van de Verenigde Staten begint zijn ochtendritueel twee uur voor zijn eerste officiële afspraak van die dag. In die twee uur laat hij zich niet beïnvloeden door media of nieuws. Hij doet zes dagen per week 45 minuten cardio en krachttraining en na het sporten ontbijt hij met zijn gezin. Dit zegt hij over zijn ochtenden: 'Als ik me aan mijn ochtendritueel houd, is de rest van mijn dag veel productiever.'

Arianna Huffington: de hoofdredacteur van de onlinekrant *HuffPost* wordt ook wel de 'koningin van de bloggers' genoemd omdat ze zoveel invloed heeft. Ze begint haar dag met ademhalingsoefeningen en een halfuur mediteren, en ze schrijft drie dingen op waarvoor ze dankbaar is. Daarna drinkt ze koffie en bepaalt ze haar doelen voor die dag. Ze is zo overtuigd van de positieve effecten van meditatie dat ze haar personeel gratis wekelijkse meditatiecursussen aanbiedt. Tijdens haar ochtendritueel probeert ze zo lang mogelijk niet op haar telefoon te kijken.

Jack Dorsey: deze bedenker en medeoprichter van zowel Twitter als Square werkt als CEO van twee miljardenbedrijven zestien uur per dag: acht voor Square en acht voor Twitter. Hij staat elke ochtend om halfzes op en gaat dan een halfuur mediteren. Vervolgens doet hij nog een duurloop van tien kilometer of gaat nog eens een halfuur sporten.

We kunnen deze lijst nog eindeloos uitbreiden: Bill Gates, Maya Angelou, Richard Branson, Woody Allen, Cameron Diaz, Stephen King, Michelle Obama, Sir Alan Sugar, Hillary Clinton, Sylvester Stallone, Tim Ferriss, Arnold Schwarzenegger, Melinda Gates, Kate Middleton... Ze hebben allemaal een vast ochtendritueel. Het is bovendien niet iets van tegenwoordig: Marcus Aurelius, Ludwig van Beethoven, Johann Wolfgang von Goethe, Winston Churchill, Ernest Hemingway, Sigmund Freud, Agatha Christie, Charles Darwin, Mark Twain, William Shakespeare, Immanuel Kant, Jane Austen en nog een heleboel andere bekende mensen uit het verleden wisten ook toen al hoe belangrijk een ochtendritueel kan zijn. Ze hadden of hebben allemaal een vast ochtendritueel, en namen of nemen 's ochtends allemaal de tijd voor zichzelf. Denk je nu nog steeds dat je 's ochtends geen tijd hebt om 3 minuten in jezelf te investeren?

Neem 's ochtends wat tijd voor jezelf

'Maak in geval van nood eerst uw eigen zuurstofmasker vast voordat u anderen helpt.' Er is een goede reden voor deze veiligheidsinstructie. Als je niet kunt ademen, kun je ook geen andere mensen helpen. Dat geldt ook voor het dagelijks leven. Zodra je 's ochtends de deur achter je dichttrekt, gaat de meeste energie op aan taken die ten dienste staan van anderen. Overdag zet je je eigen behoeften vaker opzij dan je beseft. Het is dus verstandig om voor die tijd aan je eigen behoeften te denken. Zo laad je je eigen accu al aan het begin van de dag op en is die niet al halverwege de ochtend leeg. Dat is niet egoïstisch, want zodra je kunt ademen, kun je anderen helpen. De volgende keer dat je 'te moe' bent of 'te laat' wakker werd, moet je toch in je *6 minuten dagboek* schrijven. Zet jezelf boven aan je prioriteitenlijstje en zorg ervoor dat die paar minuten een vast onderdeel worden van je ochtendprogramma.

> **"**
> *Je eigen geluk is je belangrijkste taak.*
> *Pas als jij gelukkig bent, kun je*
> *anderen ook gelukkig maken.*
> LUDWIG ANDREAS FEUERBACH

Ageer je of reageer je?

Jij bepaalt je dag, of je dag bepaalt jou. Typische uitspraken van een reactief mens zijn: 'Ik moet', 'Daar heb ik geen tijd voor', 'Ik kan niet' of 'Waarom heb ik het altijd zo moeilijk?' Een proactief persoon daarentegen zal zeggen: 'Ik wil', 'Ik maak daar tijd voor vrij', 'Ik zoek even uit hoe dat moet', of 'Wat kan ik doen om gelukkiger te worden?' De dag proactief beginnen wil zeggen dat je de dag creatief, formatief en zelfbewust begint.

De meeste mensen beginnen hun dag reactief. 78 procent van de mensen met een mobiele telefoon kijkt daarop in de eerste 15 minuten nadat ze zijn opgestaan.[29] De eerste apps die ze meestal bekijken zijn Facebook, Instagram of WhatsApp, en ze checken hun e-mail. Probeer dergelijke reactieve activiteiten te vermijden als je aan het begin van je dag je gedachten niet wilt laten verstoren door het leven van andere mensen. Richt je eerst op jezelf. Als je dat doet, kun je je de rest van de dag ook beter op de rest concentreren.

Hoe druk ze het ook hebben, de meeste geslaagde mensen beginnen hun dag niet met reactieve activiteiten. Ze checken geen e-mail, kijken niet meteen op hun telefoon en beantwoorden geen berichten. Ze beginnen hun dag proactief. Jij kunt dat ook doen. Begin de dag met je *6 minuten dagboek*. Als je daar een routine van maakt, heb je een eersteklaskaartje te pakken naar een proactief leven. Je oogst wat je zaait, en in dit geval komt je oogst dezelfde dag nog op.

Vrouwen in Japan

Japanse vrouwen hebben de hoogste levensverwachting ter wereld, 87 jaar.[30] Laten we optimistisch zijn en stellen dat jij ook minstens 87 zult worden. Je volwassen leven (van 18 tot 87) telt dan meer dan 25.000 dagen.

In je leven als volwassene sta je dus meer dan 25.000 keer op! Hoeveel van die ochtenden zijn al onbewust aan je voorbijgegaan? Bedenk eens wat een enorm effect een zinvol ochtendritueel zou kunnen hebben gehad. Probeer het je eens voor te stellen.

Met het *6 minuten dagboek* heb je al een belangrijke pijler van je ochtendritueel in handen. Sla het open en je stapt elke dag met je beste been uit bed. Om de woorden van Aurelius Augustinus te parafraseren: in het eerste uur van de ochtend moet jij aan het roer staan, want dat is het moment dat je de koers van de dag bepaalt.

❶ Je dankbaarheid

> *Dankbaarheid is niet alleen de grootste van alle deugden,*
> *maar ook de ouder van alle andere.*
> MARCUS TULLIUS CICERO

Een van de weinige onderwerpen waar atheïsten, de aanhangers van alle wereldgodsdiensten en wetenschappers het over eens zijn, is dat dankbaarheid enorm belangrijk is. Iemand die dankbaar is, geniet meer van positieve gevoelens en heeft over het algemeen genomen minder last van negatieve gevoelens zoals woede, schuld, rouw of jaloezie. Een dankbaar persoon heeft meer eigenwaarde en kan beter omgaan met stress en de problemen van het dagelijks leven. Dankbaarheid zorgt ervoor dat je beter slaapt[31] en langer leeft[32]. Wie dankbaar is, kan beter samenwerken en vormt dus krachtiger relaties met anderen. Een dankbaar mens heeft minder moeite om persoonlijke relaties aan te gaan en in stand te houden.

Opmerkelijk genoeg hoef je die dankbaarheid niet in woorden uit te drukken om er voordeel van te hebben. Uit onderzoeken, zoals dat van dr. Seligman op de volgende bladzijde, is gebleken dat alleen al het opschrijven van de dingen waar je dankbaar voor bent een groot effect heeft op je gevoel van welzijn. Het maakt niet uit of je extreem dankbaar bent of maar een beetje. Voor je geluksgevoel gaat het er vooral om dat je regelmatig een vorm van dankbaarheid voelt. Het vereist oefening om daar een gewoonte van te maken. Maar als je het eenmaal onder de knie hebt, en dankbaarheid een levenshouding is geworden, komt de positieve cyclus van dankbaarheid op gang en zullen de voordelen merkbaar worden in je leven. Gebruik gewoon dit boek om de belangrijkste vaardigheid van geluk in de praktijk te brengen: dagelijkse dankbaarheid.

Oprah Winfrey over haar dankbaarheidsdagboek

Oprah Winfrey, een van de invloedrijkste en populairste vrouwen ter wereld, presenteerde vroeger een van de succesvolste talkshows op de Amerikaanse televisie, *The Oprah Winfrey Show*. Sinds 1996 schrijft ze elke ochtend nadat ze is opgestaan vijf dingen op waarvoor ze dankbaar is. In 2012 zei ze over haar besluit om een dankbaarheidsdagboek bij te houden: 'Volgens mij was dat het allerbelangrijkste wat ik ooit heb gedaan.' Ze benadrukte ook het belang van dankbaarheid in het algemeen: 'Wat er ook gebeurt in je leven, ik ben ervan overtuigd dat wanneer je je richt op wat je hebt, je uiteindelijk altijd meer zult hebben [...]. Wanneer je je richt op wat je niet hebt, zul je nooit en te nimmer genoeg hebben.'[33]

Meer bewijzen voor de gunstige effecten van het *6 minuten dagboek*

> *Waardering is iets geweldigs. Het maakt wat uitstekend is aan anderen onderdeel van onszelf.*
> VOLTAIRE

Dr. Martin Seligman is de bedenker van positieve psychologie. Zijn onderzoek naar de maximalisering van geluk en levensvreugde wordt al tientallen jaren erkend door experts. In een van zijn bekendste onderzoeken voerden bijna zeshonderd deelnemers een van vijf activiteiten uit die waren gericht op de maximalisering van geluk. De enige twee activiteiten die succesvol bleken waren:[34]

1. De leuke dingen opschrijven die in de loop van de dag zijn gebeurd; dit is wat je straks elke dag gaat doen als laatste onderdeel van je avondritueel in het *6 minuten dagboek*.
2. Dankbaarheid uiten door middel van een brief; dit is wat je doet bij het ochtendritueel, maar dan in een iets andere vorm.

Vooral de effecten van de dankbaarheidsoefening waren enorm. Ze zijn daarna bij andere onderzoeken herhaald. Na een week waren de deelnemers meetbaar gelukkiger dan daarvoor. Maar dit maakt het nog mooier: uit follow-uponderzoeken na een week, een maand, drie maanden en een halfjaar bleek dat de deelnemers nog altijd gelukkiger waren dan voor ze aan de eerste test deelnamen. Na een week lang dankbaarheid tonen bleken alle deelnemers van het onderzoek zich zelfs zes maanden later nog duidelijk gelukkiger te voelen. Als de langetermijneffecten al na een week zo duidelijk zijn, moet het effect van dagelijkse dankbaarheid gedurende een langere periode wel helemaal ongelofelijk zijn. Als dankbaarheid verkrijgbaar zou zijn als pilletje, zou het waarschijnlijk de bestverkopende pil ooit zijn. Maar tot die tijd is dit boek een goed begin.

> **❝**
> *Het zijn niet de blije mensen die dankbaar zijn; dankbare mensen zijn blij.*
> FRANCIS BACON

Dankbaarheid richt de aandacht op het goede in het leven

In alle uitzinnige vreugde zit een kern van dankbaarheid.
MARIE VON EBNER-ESCHENBACH

Als je dankbaarheid in je leven integreert, krijg je vanzelf een meer optimistische kijk op het leven. Dankbaarheid en gezond optimisme gaan dus hand in hand. Hoe optimistischer je in het leven staat, hoe meer je hebt om dankbaar voor te zijn. Zoals Plato het 2500 jaar geleden al schreef: 'Een dankbare geest is een grote geest die zich uiteindelijk hecht aan grootse zaken.' Hoe vaak sta jij stil bij wat het leven je elke dag biedt? Hoe vaak sta je stil bij alle prachtige kleine dingen die je tegenkomt? En hoe vaak erger je je aan kleine, irrelevante dingen?

In onze snelle wereld waarin we voortdurend moeten presteren, maken we vaak geen tijd voor dankbaarheid en waardering. De rij bij de kassa, de nieuwe berichten op Facebook, de ruzie met je familie, de eindeloze lijstjes met dingen die je nog moet doen en berichten over vermeende terroristische aanslagen, oorlogen of natuurrampen; het zorgt er allemaal voor dat we ons meer richten op het negatieve dan het positieve. **Als je je niet proactief richt op het positieve, blijft het negatieve zich steeds aan je opdringen.** Dat je overlevingssoftware van nature de neiging heeft negatieve dingen te benadrukken helpt natuurlijk ook niet.

Als je bewust dankbaar bent, richt je je aandacht op de dingen die je gelukkig maken en de dingen die je leuk vindt. Dat wil niet zeggen dat je geen hoge verwachtingen mag hebben en altijd maar tevreden moet zijn. Het betekent dat dankbaarheid uiteindelijk tot succes zal leiden, niet omgekeerd. Het geluk dat voortvloeit uit dankbaarheid leidt tot succes, niet omgekeerd.[35]

Falen is de basis voor succes, en de manier waarop het wordt bereikt.
LAO TZU

Dat betekent ook dat als je niet aan je verwachtingen kunt voldoen, je niet automatisch ongelukkig hoeft te zijn. Integendeel. Dat je kunt falen – en dus niet aan je eigen verwachtingen voldoet – maar toch waardering kunt opbrengen voor die ervaring, is een fundamenteel onderdeel van persoonlijke voldoening. Voor dankbaarheid en geluk is het belangrijk dat je elke mislukking als iets tijdelijks ziet en als een kans voor nieuwe mogelijkheden. Zonder mislukking is er geen vooruitgang en vooruitgang is een belangrijk element van succes. Daarom moet je de onvermijdelijke mislukkingen in het leven omarmen. Dale Carnegie, een van de succesvolste schrijvers ooit, beschreef al in 1948 het verschil tussen positief en negatief denken: 'Positief denken gaat over oorzaken en gevolgen en leidt tot logisch, constructief plannen; negatief denken leidt vaak tot spanningen en zenuwinzinkingen.'[36] Als je je leven positief benadert, leg je een goede basis voor levenslange persoonlijke ontwikkeling. Uit onderzoek blijkt dat mensen met een gezonde portie optimisme gemiddeld 20 procent langer leven, lichamelijk gezonder zijn, succesvoller in hun werk en tevredener zijn over hun relaties.[37] Mensen die dankbaarheid tonen, zijn daardoor automatisch meer gericht op positieve zaken en zijn daarmee ongeveer 99 procent van de westerse wereld een cruciale stap voor. Dankbaarheid is niet iets ouderwets; het is juist heel modern!

Tony Robbins over zijn 'snelweg naar geluk'

De succesvolste prestatie- en persoonlijkheidscoach had klanten zoals Bill Clinton, Serena Williams en Andre Agassi. Nog altijd worden miljoenen van zijn boeken verkocht en spreekt hij voor uitverkochte zalen. Elke dag neemt hij 3,5 minuut de tijd om drie dingen op te schrijven waarvoor hij dankbaar is en staat hij daarbij stil. Dat doet hij al jaren. Hij zegt hierover: 'Dankbaar zijn heeft een reden. De twee emoties die de meeste ellende geven zijn angst en woede. Je kunt niet tegelijk dankbaar en bang zijn; die kunnen niet samen. Je kunt ook niet tegelijk boos en dankbaar zijn.' Voor Robbins is dankbaarheid uniek omdat het negatieve emoties onschadelijk maakt. Daarom noemt hij dit onderdeel van zijn ochtendritueel de 'snelweg naar geluk'.[38]

Je draagt je dankbaarheid over op anderen. Zij dragen die op hun beurt over op jou

> *Geluk is een parfum: we kunnen het niet over een ander*
> *uitstorten zonder dat er een paar druppels op onszelf vallen.*
> RALPH WALDO EMERSON

De psycholoog Bernard Weiner omschrijft dankbaarheid als een cognitief proces in twee stappen. Eerst ervaar je iets positiefs. Vervolgens besef je dat dit veroorzaakt wordt door een externe bron (god, de natuur, iemand anders). Volgens Weiner is dankbaarheid daarom altijd op de een of andere manier gericht op iets buiten jezelf. De dankbaarheid die je in dit dagboek zult opschrijven, zal vaak gericht zijn op anderen. Dat is ook het punt waarop de magische spiraal van dankbaarheid begint. Wanneer je dankbaarheid op deze manier internaliseert, wordt dat weerspiegeld in je gedrag tegenover deze mensen. Je komt vanzelf aardiger en oprechter over, zonder dat je dat bewust hebt besloten. Je vrienden en collega's worden dan vanzelf ook weer aardiger tegen jou, wat jou weer gelukkiger maakt – je positieve uitstraling komt zo vanzelf bij je terug. Wanneer je elke dag bedenkt welke goede daad je hebt verricht (avondritueel) zet je een vergelijkbare opwaartse spiraal in gang. Het schrijven in je *6 minuten dagboek* is dus een geweldige, positieve cyclus die al je persoonlijke relaties verbetert.

Dankbaarheid – de lijm die mensen met elkaar verbindt

Dr. Philip C. Watkins is de schrijver van het boek *Gratitude and the Good Life*. Op basis van verschillende onderzoeken en analyses komt hij hierin tot de conclusie dat dankbaarheid een van de belangrijkste aspecten is van een gelukkig leven. Met betrekking tot de maatschappelijke omgeving en het belang van dankbaarheid voor persoonlijke relaties komt hij tot de volgende conclusies:[39]

1. Dankbaar zijn maakt je aardiger en prettiger in de omgang.
2. Dankbaarheid helpt je op unieke wijze bij het aangaan en onderhouden van relaties.
3. Dankbaarheid stimuleert prosociaal gedrag in jezelf en je omgeving.

Wat is prosociaal gedrag? Daarmee bedoelen we alle gedrag (bewust of onbewust) dat gericht is op het welzijn van anderen. Vormen van prosociaal gedrag zijn: helpen, samenwerken, delen, steunen, prijzen, maar ook beleefdheid, medeleven of empathie. Wanneer je jezelf tijdens je avondritueel dus afvraagt wat je hebt gedaan voor anderen, denk je na over je prosociale gedrag.

> *De echte rijkdom van een mens is het aantal echte vriendschappen dat hij heeft.*
> KARL MARX

De mens is van nature een sociaal wezen. Het mag dus geen verrassing zijn dat sociale banden en relaties essentieel zijn voor onze levensvreugde. Zoals bij zoveel dingen in het leven gaat het meer om de kwaliteit dan de kwantiteit. Wanneer je je richt op de kwaliteit van je vriendschappen, krijgen ze meer betekenis en haal je er meer voldoening uit. Dr. Seligman en dr. Diener hebben een aantal onderzoeken uitgevoerd om erachter te komen wat heel gelukkige mensen (de top tien procent) onderscheidt van de overige negentig. Wat er meteen uitsprong, was de nauwe band die deze mensen hadden met hun familie en vrienden, en dat ze regelmatig veel tijd met hen doorbrachten. Deze onderzoeken toonden ook aan dat de kwaliteit en diepgang van deze relaties de doorslag gaf.[40] Oprechte waardering is een van de beste manieren om zulke vriendschappen op te bouwen en misschien wel de effectiefste manier om relaties in stand te houden.

> *Allen die geluk winnen, moeten het delen. Geluk is als tweeling geboren.*

LORD BYRON

❷ Zo ga ik van vandaag een geweldige dag maken

Een diepzinnige anekdote

Een man ontmoet drie bouwvakkers op een bouwterrein. Hij vraagt de eerste man: 'Wat doet u hier?' – 'Ik leg bakstenen op elkaar.' Dan vraagt hij de tweede man: 'Wat doet u hier?' – 'Ik metsel een muur.' Tot slot gaat hij naar de derde bouwvakker en stelt hem dezelfde vraag. De man kijkt glimlachend op en antwoordt: 'Ik bouw een kerk.'

Wat is de betekenis van deze anekdote? Als je actief in het leven wilt staan, moet je drie dingen onthouden: ten eerste moet je de 'kerk' voor ogen houden, zodat je weet wat je doel is. Dan moet je besluiten welke muren je gaat bouwen. Dat wil zeggen dat je moet weten wat je kleinere doelstellingen en prioriteiten zijn. Tot slot moet je de bakstenen stapelen die nodig zijn om een muur te bouwen. Dat is wat je in dit deel doet. Je richt je op je muren en schrijft op welke bakstenen je moet plaatsen, dus welke kleine daden je moet verrichten om bij je doel te komen. Die kleine beslissingen bepalen uiteindelijk je leven.

Van anekdote naar dagboek

Goed, dat klinkt allemaal heel logisch, maar hoe vertaal je dit naar het *6 minuten dagboek*? Als je die ideeën over muren en bakstenen in de praktijk wilt brengen, kun je daarvoor de volgende hulpmiddelen gebruiken:

Ik ga (doen/baksteen leggen) omdat ik me _____ wil voelen.

1. Ik ga 10 minuten vrijmaken om verder te lezen in mijn nieuwe boek omdat ik wil weten hoe het afloopt.
2. Vandaag ga ik twee stuks fruit eten omdat ik me gezond wil voelen.
3. Ik ga naar de sportschool omdat ik me aantrekkelijk en evenwichtig wil voelen.
4. Vanavond ga ik naar dat feest omdat ik me sociaal wil voelen en plezier wil hebben.
5. Ik ga rechtop zitten tijdens de vergadering omdat ik me zelfverzekerd wil voelen

Het 'omdat'-deel dwingt je stil te staan bij de motivering achter je doelstellingen. Je neemt even een paar seconden extra de tijd om na te gaan of je doel werkelijk bij je past en of het echt weergeeft wat je wilt. Je schrijft op welke bakstenen je nodig hebt voor je muur. Het hoeven geen grote dingen te zijn. Het gaat erom dat je ze zo klein houdt dat je ze ook werkelijk uitvoert. Als je al die kleine dingen langere tijd blijft doen, is je denkbeeldige 'kerk' voor je het weet voltooid.

Hoe je het lot kunt tarten en je eigen geluk kunt maken

> *Het toeval treft altijd degenen die erop voorbereid zijn.*
> LOUIS PASTEUR

Sommige dingen, zoals mooi weer, de loterij winnen of snelle wifi, kun je niet plannen. Het is fijn als de zon schijnt, maar je kunt hem niet tevoorschijn toveren. Daarom stel je in dit deel van het dagboek niet de vraag WAT vandaag tot een geweldige dag zou maken, maar HOE je dit tot een geweldige dag kunt maken. De nadruk ligt op concrete zaken die je zelf kunt beïnvloeden. Sommige dingen, zoals hechte vriendschappen of een afspraakje met je beste vriend of vriendin, kun je ook niet altijd plannen, maar je hebt er meer controle over dan over het weer of de loterij. Je kunt je aandacht altijd richten op kleine dingen die de kans op geweldige resultaten groter maken. Zo zet je een cyclus in gang van leuke dingen, een virtuoze cirkel. Dat kan zo:

1. Probeer vaker te glimlachen → Meer mensen zullen naar je terug glimlachen → Meer mensen zullen aardig en vriendelijk zijn → Meer vriendschappen ontstaan 'toevallig'.

   Glimlach om te beginnen eens tegen de barista bij wie je 's ochtends je koffie haalt. In het begin voelt dat misschien wat vreemd, maar hoe vaker je het doet, hoe oprechter je glimlach wordt en hoe natuurlijker hij oogt.

2. Let goed op je houding → Je wordt zo aantrekkelijker voor een eventuele partner, want een goede houding is sexy[41] → Zo ontstaan er meer 'toevallige' kansen voor een afspraakje.

In het begin   Na een tijdje   Na verloop van tijd

Je kunt het lot dus wél tarten. Natuurlijk verloopt zo'n proces niet lineair, maar uiteindelijk komt het hierop neer: hoe meer kleine dingen je doet die je bij je doel brengen, hoe groter de kans dat er 'toevallig' gunstige dingen gebeuren. Deze kettingreactie is gebaseerd op het effect van samengestelde rente (zie blz. 35). Succes leidt tot succes. Zodra je kleine succesjes hebt behaald, zullen ze zich automatisch exponentieel vermenigvuldigen.

Een eenvoudig recept: zodra je begint te koken, zal het eten hoe dan ook lekker smaken

Onze hersenen verwerken meer dan 400 miljoen bits informatie per seconde, maar slechts 2000 van die bits dringen door tot je bewustzijn.[42] 99,9995 procent van de informatie gaat onopgemerkt aan je voorbij. Het reticulair activeringssysteem (RAS) van je hersenen haalt alleen de dingen eruit die belangrijk voor je zijn. Wanneer je jezelf afvraagt hoe je de dag geweldig gaat maken, heb je al een stap in de goede richting gezet. Stel dat je dit hebt geschreven: 'Ik ga gezond eten met veel groenten en fruit.' De verwachting en visualisatie van dit voornemen worden verwerkt in het RAS, het filter van je werkelijkheid.[43] Je waarneming richt zich nu automatisch op alle kansen die verband houden met je voornemen. Je radar is dus gericht op alle doelen in je zoekradius. In dit geval heb je je radar ingesteld op gezonde maaltijden, groenten en fruit. Je maakt dus gewoon gebruik van het vermogen van het RAS om meer goede dingen in je leven te brengen.

Is dat tovenarij? Probeer het eens. Wat was het laatste dat je hebt gekocht en veel gebruikt? Een paar schoenen misschien? Is het je opgevallen dat een heleboel andere mensen dezelfde schoenen of vergelijkbare schoenen dragen? Stel je koopt een type auto, of iemand uit je omgeving koopt een auto, zie je dat model dan niet ineens overal rijden? Je bent zwanger en ineens zie je overal zwangere vrouwen. Je gaat beginnen met sport en ineens lijkt het of iedereen in je omgeving ook sport. Laten we een nog meer voor de hand liggend voorbeeld nemen. Je bent op een feestje en door al het geklets om je heen hoor je alleen geroezemoes. Maar zodra jouw naam wordt genoemd, zijn je oren gespitst als die van Dombo. Deze selectieve waarneming wordt aangestuurd door het RAS. Het mooie is dat het ochtendritueel je RAS ertoe aanzet zich meer te richten op de dingen die jou gelukkig maken. Op deze manier zul je uiteindelijk je dagelijkse doelen bereiken, want gelukkige hersenen zijn ongeveer 30 procent productiever en creatiever dan neutrale of negatieve hersenen.[44] Als je het *6 minuten dagboek* 's ochtends gebruikt, bepaal je het filter van die dag, een filter waarmee je dag beter wordt. Maak dus van nu af aan van elke dag een geweldige dag!

❸ Positieve affirmatie

Dit deel van het ochtendritueel is niet zo voor de hand liggend als de rest. Omdat 95 procent van de besluiten die je neemt zijn oorsprong heeft in je onderbewustzijn[45], heeft wat je onderbewust denkt en voelt een enorme invloed op jouw besef van de werkelijkheid (zie blz. 55). Met positieve affirmaties zet je de onbewuste delen van je hersenen in de bestuurdersstoel: laat ze onbewuste hindernissen wegnemen en je helpen je grenzen te verleggen zodat jouw werkelijkheid waar wordt. Uit hersenscans waarop de neurale mechanismen werden bestudeerd die worden geassocieerd met affirmaties, is gebleken dat deze techniek inderdaad werkt.[46] Wanneer ze goed worden gebruikt, kunnen affirmaties je hersenen trainen en je zo van binnenuit veranderen. Ze kunnen ervoor zorgen dat er meer hormonen in je lichaam komen waardoor je je prettig voelt en je hersenen worden gestimuleerd om meer zenuwbanen te maken voor positief en optimistisch denken. Je onderbewustzijn is een gigantische workaholic die dag en nacht doorwerkt. **Als je dit *6 minuten dagboek* consequent gebruikt, zet je die onderbewuste workaholic aan het werk en maak je optimaal gebruik van zijn buitengewone capaciteiten.** Voor je dagelijkse affirmaties kun je uit twee methoden kiezen: de drilboorbenadering en de kolibriebenadering. Kies de methode die je het meest aanstaat en houd die een tijdje vol.

> *Ons leven is wat onze gedachten ervan maken.*
> MARCUS AURELIUS

1. Drilboorbenadering: je kiest een positieve affirmatie die je echt wilt integreren in je leven en schrijft die elke dag op. Hoe vaker je dat doet, hoe meer je in die affirmatie gaat geloven. Je 'hamert' de positieve affirmatie als het ware in je onderbewustzijn, tot je de voordelen ervan bewust ervaart en ze onderdeel wordt van je leven. Een voorbeeld: 'Ik houd van mezelf en daarom doe ik werk waar ik echt van geniet' of 'Ik vertrouw op mijn inwendige kompas en weet dat het me in de juiste richting zal sturen.' Je kunt ook specifieker zijn: 'Ik verdien 3000 euro per maand', 'Ik val elke dag af tot ik mijn ideale gewicht van 65 kilo heb bereikt' of 'Ik respecteer en waardeer mijn partner en heb een liefdevolle en gepassioneerde relatie'.

> **❝**
> *Of je nu denkt dat je iets kunt*
> *of niet kunt – je hebt gelijk.*
> HENRY FORD

De drilboorbenadering van Jim Carrey

Jim Carrey ging zelfs zo ver dat hij een cheque voor tien miljoen dollar uitschreef aan zichzelf voor 'geleverde acteerprestaties'. Hij dateerde die check tien jaar in de toekomst en bewaarde hem in zijn portemonnee. Ook schreef hij elke dag: 'Iedereen wil met me werken. Ik ben een goede acteur. Ik krijg allemaal geweldige aanbiedingen voor films.' Carrey zat op dat moment zonder werk en had nog nooit een cent verdiend met zijn acteerwerk. Hij keek regelmatig naar de cheque en hield hem in zijn portemonnee, tot hij jaren later inderdaad dat bedrag had verdiend met een film. Dit is zeker geen uniek geval. De methode is heel succesvol gebleken voor verschillende mensen die het gemaakt hebben, zoals Muhammad Ali, Bruce Lee, Napoleon Hill, Arnold Schwarzenegger, Oprah Winfrey, Tim Ferriss, Louise Hay, Tony Robbins, Lady Gaga, Tiger Woods en Will Smith.

2. Kolibriebenadering: hierbij laat je de affirmatie afhangen van hoe je je voelt of van je plannen voor die dag. Dat betekent dat je haar elke dag opnieuw moet bepalen. Als je bijvoorbeeld een presentatie moet geven, kun je schrijven: 'Ik kan dit en ga dit aan mijn publiek laten zien door een geweldige toespraak te geven.' Als je aan een nieuw project werkt, kun je schrijven: 'Ik beschouw elk probleem dat ik op mijn werk tegenkom als een kans.'

Je onderbewustzijn spreekt niet in woorden maar in gevoelens. Je kunt dus de kwaliteit van je affirmatie het best beoordelen aan de hand van je gevoelens tijdens het opschrijven. Stel jezelf de juiste vragen om te ontdekken of je echt voelt wat je schrijft.

a) Voel je je slechter? – Je onderbewustzijn gelooft waarschijnlijk niet in de affirmatie. Je hebt besloten om meer te doen dan je realistisch gezien kunt bereiken.

b) Geloof je wat je hebt opgeschreven? Geeft het je een beter en meer gemotiveerd gevoel? – Zo ja, dan zit je op het goede spoor. Je hebt de deur opengezet naar nieuwe mogelijkheden.

c) Voel je je neutraal? – Dan denk je waarschijnlijk niet groot genoeg.

Dit is nog een voorbeeld van de drilboorbenadering: Sofia is altijd dol geweest op ontwerpen en dingen maken. Ze is 35 en werkt voor een startup die al twee jaar innovatief ontworpen schoenen van ecologische materialen verkoopt. Sofia is een van de tien medewerkers van de ontwerpafdeling en aan het eind van het jaar zal een van hen tot hoofd van de afdeling worden benoemd. Dit zouden de dagelijkse affirmaties kunnen zijn van Sofia, die graag hogerop wil:

a) 'Ik ga dit jaar de CEO vervangen, want ik ben dol op mijn werk en ben overtuigd van mijn vaardigheden.' (bovenste smiley).

b) 'Ik ben vastbesloten om dit jaar hoofd van de ontwerpafdeling te worden, want ik ben geschikt voor deze baan en vind het heerlijk om fantastische schoenen te ontwerpen.'

c) 'Ik vind het fijn om mooie en milieuvriendelijke schoenen te verkopen en zie wel waar het schip strandt.'

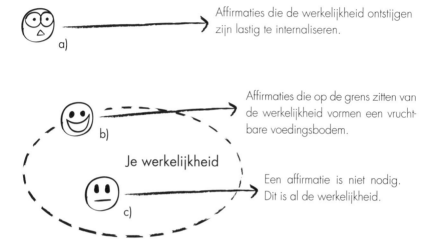

Het is belangrijk dat je affirmatie echt positief is. Stel dat je schrijft: 'Ik ga geen chocola meer eten.' Wat doen je hersenen met dat zinnetje? Ze gaan aan chocola denken, want ze denken niet in ontkenningen. Of het klassieke voorbeeld: wat je ook doet, denk niet aan een roze olifant! En? Hoe zag de olifant eruit waar je zojuist aan hebt gedacht? Behoorlijk roze zeker? Negatief geformuleerde zinnen of ontkenningen zijn hier niet zinvol omdat je onderbewustzijn ze niet kan waarnemen.[47] Het is daarom heel belangrijk dat je de affirmatie zo specifiek en persoonlijk mogelijk maakt. Algemene uitspraken zoals 'Ik houd van mezelf' of 'Ik heb zelfvertrouwen' zijn minder effectief dan zinnen die specifiek op jou van toepassing zijn, zoals: 'Ik ben emotioneel stabiel en kalm, zelfs in stressvolle situaties.' Begin je dagelijkse affirmaties ook bij voorkeur met een actief deel, zoals 'Ik ben', 'Ik bepaal' of 'Ik heb', want je onderbewustzijn kan je doelen beter verwerken als je zinnen op die manier begint.

Het
avondritueel

... zo denk je na en laad je je accu op voor de volgende dag

Er gaat echt niets boven goede nachtrust. Ken je dat gevoel dat je 's ochtends helemaal fris en fit opstaat? Als je het avondritueel volgt, wordt dat gevoel eerder regel dan uitzondering. Op je zestigste heb je ongeveer twintig jaar slapend doorgebracht. Het is dus belangrijk dat je veel aandacht besteedt aan slapen. In je bed is geen ruimte voor negatieve inwendige dialogen en onprettige gedachten. Het avondritueel zorgt ervoor dat je gedachten zich richten op hoe je jezelf kunt verbeteren en wat er goed is gegaan, dus is het handig om het in de laatste minuten van de dag uit te voeren. Wanneer je al je succesjes op een rijtje zet, val je ontspannen in slaap en ben je verzekerd van een goede nachtrust. Het *6 minuten dagboek* vormt hierbij de sleutel die je dag 's ochtends voor je opent en 's avonds weer sluit.

Wat doe je normaal gesproken voor je gaat slapen? Volgens een onderzoek naar het gebruikersgedrag van 49.000 bezitters van mobiele telefoons uit 30 landen kijkt 62 procent van hen in de laatste 5 minuten voor ze gaan slapen op hun telefoon.[48] Waarschijnlijk behoor jij ook tot de groep die een of ander elektronisch apparaat gebruikt, of dat nu je laptop, tablet, smartphone of tv is. Verschillende onderzoeken hebben aangetoond dat dit heel ongezond is, want zowel de kwaliteit als de kwantiteit van je slaap heeft eronder te lijden.[49] Het licht van elektronische apparaten geeft verkeerde signalen af aan je hersenen en zorgt ervoor dat je wakker blijft. Zelfs bij een lage lichtintensiteit geeft je smartphone nog zo veel licht af dat je hersenen geen melatonine aanmaken, een hormoon dat je lichaam laat weten dat het nacht is.[50] **Het *6 minuten dagboek* is geen elektronisch apparaat en vormt daarmee de eerste stap naar een betere slaap en een gezondere JIJ.**

> *Wie de nacht niet eert,*
> *is de dag niet waard.*
> ITALIAANS SPREEKWOORD

❹ Mijn goede daad van vandaag

> *Alleen wie weggeeft, kent vreugde.*
> JOHANN WOLFGANG VON GOETHE

Goede daden doen voor anderen heeft een blijvend effect op je geluk

Zoals hij noteerde in zijn biografie uit 1793, stelde Benjamin Franklin zichzelf elke dag twee vragen: 's ochtends vroeg hij: 'Welke goede daad zal ik vandaag verrichten?' en aan het einde van de dag: 'Welke goede daad heb ik verricht?' Dit hoofdstuk heeft een vergelijkbaar doel, want het is er helemaal op gericht dat je bewust anderen gaat helpen en goede daden gaat verrichten, maar ook dat je elke dag weer verantwoording aflegt voor wat je hebt gedaan. Mensen die graag anderen helpen en die geneigd zijn tot prosociaal gedrag, vinden zichzelf gelukkiger dan de mensen die het niet doen.[51] Maar hoe gelukkig word je als je iets goeds doet voor een ander? Wetenschappers in de Verenigde Staten deden een experiment om daarachter te komen. De deelnemers aan het onderzoek kregen ieder honderd dollar. Ze mochten zelf beslissen of ze het geld aan het goede doel gaven of voor zichzelf hielden. Tijdens het experiment werd hun hersenactiviteit gemeten met hersenscans. Het bleek dat het gebied van de hersenen dat blijdschap en genot aanstuurt actiever was bij de groep die aan het goede doel gaf dan bij de groep die het geld zelf hield.[52] Dat is ook het gebied waar dopamine wordt afgegeven, het hormoon dat vrijkomt wanneer je seks hebt of als je een heerlijk stukje chocolade laat smelten in je mond. Andere onderzoeken hebben aangetoond dat het genotsgevoel dat wordt opgewekt door geven heel anders is dan het gevoel dat wordt opgewekt door seks of lekker eten. De positieve effecten van geven kunnen een hele dag of langer aanhouden, terwijl die van de andere twee veel sneller verdwijnen.[53]

> *Het karakter blijkt niet uit grootste daden.*
> *De kleine dingen verraden de ware aard van de mens.*
> JEAN-JACQUES ROUSSEAU

Natuurlijk doneer je niet elke dag geld. Daarom is het belangrijk dat je nadenkt over alle keren dat je iets aardigs hebt gedaan op een dag. Die gunst voor een collega, het cadeautje voor een vriend, meteen even de vaat doen voor je huisgenoot omdat je toch bezig bent of je moeder helpen met een aanvraag. Vraag je grootouders hoe het met ze gaat. Praat met iemand die er eenzaam uitziet. Zeg tegen je partner dat je van hem/haar houdt. Laat je vrienden, familie en collega's weten dat je ze dankbaar bent. Complimenteer de kok met het eten in een restaurant. Houd de deur voor iemand open. Bied een luisterend oor. Glimlach naar je buren en groet ze, of lach gewoon oprecht naar de caissière in de supermarkt.

❺ Hoe ik beter kan worden

> *Geweldige dingen ontstaan wanneer verschillende*
> *kleine dingen worden samengevoegd.*
> VINCENT VAN GOGH

Je bent bezig met dit boek, dus kunnen we er veilig van uitgaan dat je wilt leren, groeien en je ontwikkelen. Continu vernieuwen is net zoiets als je huis schoonmaken. Zodra je stopt, hoopt het stof zich op. Je moet dus altijd blijven doorgaan. In dit hoofdstuk leer je waardering te krijgen voor die voortdurende reis en niet alleen voor de eindbestemming. Als je alleen gelukkig zou worden van het bereiken van grootse doelen, zou geluk een zeldzame emotie zijn. Het is mooi om een doel te hebben, maar uiteindelijk gaat het om de reis ernaartoe. Met andere woorden: niet het eindresultaat maar het proces bepaalt wie we zijn. Het gaat erom dat je jezelf eraan herinnert dat jij de baas bent over morgen en dat je beseft dat je misschien nooit perfect kunt zijn, maar dat je jezelf wel altijd kunt blijven verbeteren. Als je een fantastische dag hebt gehad waarop alles op rolletjes liep, zet je hier gewoon een vrolijke smiley.

De bedoeling van deze vraag is dat je terugkerende problemen en kansen voor verbetering identificeert, zodat je concrete dingen kunt ondernemen. Let er wel op dat je niet te veel hooi op je vork neemt. Een bescheiden doel leidt op termijn meestal tot een beter resultaat. Houd de dingen die je van plan bent te doen en die je hier opschrijft dus klein en haalbaar, zo nodig zelfs belachelijk klein. Dit deel is heel zorgvuldig geformuleerd. Het dwingt je na te denken over hoe je dingen beter kunt maken, het dwingt je tot een positieve en herleidbare reactie zonder te focussen op het negatieve. Je stelt jezelf gerust met de gedachte dat je het de volgende keer beter zult aanpakken; je blijft niet hangen bij of je schuldig voelen over wat er fout is gegaan. Dompel jezelf onder in verandering, want als er nu niets verandert, zal dat straks ook niet gebeuren.

Vergelijk jezelf NIET MET ANDEREN. Vergelijk jezelf met degene die je gisteren was

Soms kan het heel motiverend zijn om jezelf met anderen te vergelijken. Meestal wegen de nadelen van deze vorm van motivatie niet op tegen de voordelen. Twintig jaar geleden was het gras alleen nog maar groener bij je buren en collega's. Tegenwoordig kunnen we onszelf, dankzij het internet en de sociale media in het bijzonder, met steeds meer mensen vergelijken. Vorige week nog zijn twee van je 'vrienden' getrouwd en iedereen lijkt op vakantie te zijn op de prachtigste plekken. Kijk, en die andere vriend heeft een innovatieve app ontwikkeld! Hoe dan ook, iedereen is supergelukkig. Natuurlijk weten we dat alle mensen sleutelen aan de manier waarop ze zich aan de buitenwereld tonen, maar toch blijven we erin trappen. We vergelijken de werkelijkheid van onze eigen levens met de openbaar gemaakte levens van anderen. **We vergelijken ons innerlijk met het uiterlijk van anderen.**

> *Iedereen ziet wat je lijkt te zijn,*
> *weinigen ervaren wat je werkelijk bent.*
> NICCOLÒ MACHIAVELLI

Omdat we de hele tijd bezig zijn met vergelijken, kunnen we geen onderscheid maken tussen gedrag dat we zelf aansturen en gedrag dat wordt aangestuurd door anderen. Wil ik carrière maken omdat ik daar veel voldoening uit put of omdat ik denk dat ik iets moet bereiken om wat waard te zijn? Wil ik sporten omdat ik het echt leuk vind of omdat al mijn vrienden het doen? Voortdurend vergelijken is dodelijk voor ons gevoel van eigenwaarde. Je wordt hierdoor vatbaarder voor depressie[54] en het heeft nog veel meer nadelen, waarvan je de meeste waarschijnlijk al hebt ervaren. Dankzij sociale media hebben we veel meer gelegenheid om onszelf met anderen te vergelijken. Daarom is het extra belangrijk dat we ons bewust zijn van de gevaren van onszelf met anderen vergelijken, en dat we dit bewust zo min mogelijk proberen te doen. Dat is moeilijk, vooral omdat je voortdurend geconfronteerd wordt met het leven van anderen. Een goed begin is zelf kiezen wanneer je die confrontatie wilt aangaan. Probeer eens een week lang zo min mogelijk op sociale media te zitten. Kijk welk gevoel je dat geeft en trek daar je eigen conclusies uit.

Vergelijk jezelf niet met anderen. Vergelijk jezelf MET DEGENE DIE JE GISTEREN WAS

Door het *6 minuten dagboek* te gebruiken neem je een grote stap in die richting. Het dagboek is niet alleen een leuk aandenken voor over een paar maanden of jaren. Het helpt je er ook aan herinneren hoe je gisteren of vorige week in het leven stond. Het is dus een hulpmiddel als je je met jezelf wilt vergelijken. Door de vraag die je jezelf elke avond stelt over hoe je jezelf wilt verbeteren, kun je je ontwikkeling in de gaten houden en begrijpen, en door je dagboek terug te lezen, kun je patronen leren herkennen. Hoe vaker je dezelfde kansen voor verbetering opschrijft, hoe beter je je van die aspecten bewust wordt. Wanneer je bijvoorbeeld steeds 'Ik ga vandaag sporten' schrijft zonder dat je dat ook werkelijk doet, moet je je tactiek aanpassen. Je zou je plan ook anders kunnen formuleren en schrijven: 'Ik ga mijn dag bewust plannen zodat ik een uur vrij kan nemen om te sporten.' Hetzelfde geldt voor je dagelijkse dankbaarheid. Als je ziet dat je al een paar weken niet tegen je partner hebt gezegd dat je blij met hem/haar bent, kan dat een belangrijke aanwijzing zijn voor iets wat je anders pas na maanden of jaren had opgemerkt.

❻ Leuke dingen die ik heb meegemaakt

Een positieve levenshouding kan je leven aanzienlijk verlengen

Het verband tussen hoe positief iemand in het leven staat en zijn of haar levensverwachting is nog nooit zo duidelijk aangetoond als bij het zogeheten 'nonnenonderzoek'. Aan dit langetermijnonderzoek, dat 70 jaar duurde, namen 180 nonnen deel. Voordat ze het klooster ingingen, moesten de nonnen een korte autobiografie van twee of drie bladzijden schrijven over hun leven tot dan toe en hoe ze de toekomst zagen. Toen ze dat in de jaren dertig en veertig van de vorige eeuw opschreven, waren de nonnen gemiddeld 22 jaar oud. In de 180 biografieën werd vervolgens gekeken naar de hoeveelheid negatieve, neutrale en positieve woorden en zinnen. Daarna werden de nonnen aan de hand van de frequentie waarin die woorden voorkwamen ingedeeld in 4 groepen van elk 45 vrouwen. De resultaten waren verbijsterend:[55]

1. De 45 gelukkigste nonnen leefden gemiddeld 10 jaar (!) langer dan de 45 ongelukkigste.
2. Op 85-jarige leeftijd was meer dan 90 procent (!) van de gelukkigste nonnen nog in leven.
3. 54 procent van de gelukkigste nonnen werd minstens 94, terwijl in de ongelukkigste groep slechts 15 procent die leeftijd haalde.

Wat maakt deze bevindingen zo significant? De omstandigheden waaronder dit wetenschappelijke experiment plaatsvonden zijn ongekend, want de leefsituatie van de nonnen was of is vrijwel identiek. Ze drinken geen alcohol, roken niet, hebben geen seks, zijn niet gehuwd, hebben geen kinderen, wonen in hetzelfde pand, doen vergelijkbaar werk en eten hetzelfde voedsel. Het onderzoek toonde onder andere aan dat geluk weinig te maken heeft met wat er met ons gebeurt en veel meer met hoe we tegen de zaken aankijken. Verder laat het onderzoek zien hoe belangrijk het is als mensen waarderen wat ze hebben of genieten van wat het leven hun op dat moment te bieden heeft. Zoals we aan het begin van dit dagboek al zeiden: **neem de tijd om te genieten van de kleine geluksmomentjes in je leven. Gun jezelf de tijd om de kleine successen in je dag te waarderen en te koesteren. Als je van geluk je prioriteit maakt, kan een lang leven een prettige bijkomstigheid zijn.**

> *Wie elke dag het voornemen heeft gelukkig te zijn, bepaalt de omstandigheden en laat zich niet door omstandigheden bepalen.*
> CHARLES SWINDOLL

Een goed begin is het halve werk

We kunnen de wind niet veranderen. Maar we kunnen wel de zeilen naar de wind zetten.
ARISTOTELES

Wat is het eerste wat je aan vrienden, partner of huisgenoot vertelt als je ze ziet? Als je uit je werk komt, heb je misschien de neiging om alle opgekropte negatieve energie te laten gaan; je vertelt hoe vermoeiend en stressvol je dag was, wat je irriteerde of wat er fout ging, en je gesprekspartner reageert op vergelijkbare wijze: 'Mijn baas zegt nooit iets positiefs en bedankt me nooit. Hij lijkt ook niet te begrijpen dat ik maar twee handen heb... en toen belde mijn moeder en die zat alleen maar te zeuren.' De eenvoudigste manier om dit vastgeroeste patroon te doorbreken is vertellen wat het leukste was dat je vandaag hebt meegemaakt. Dat voelt in het begin misschien vreemd, dus vertel eerst alleen over de beste momenten van je dag, hoe klein of onbeduidend die misschien lijken. Zonder uitzondering. Vertel over iets wat je hebt geleerd, waar je trots op bent, over het heerlijke broodje dat je tijdens de lunch hebt gegeten, over een grappig voorval of dat je de bus net hebt gehaald omdat hij 3 minuten achterliep op schema. Zo komen jij en je gesprekspartner in een positieve stemming en ben je eerder geneigd om alle geweldige dingen te zien, zowel grote als kleine, die je elke dag overkomen. Bedenk eens hoe leuk het zou zijn als je vrienden of partner hetzelfde zouden doen. Het mag misschien fijn zijn om je hart te luchten over de problemen en narigheden van de dag, en het kan helpen bij het verwerken, maar de manier waarop je een gesprek begint, zet wel de toon. Het is een detail, maar kan een geweldig uitgangspunt zijn in een relatie. Wat heb je te verliezen als je eens met de positieve dingen begint, hoe onbeduidend ook?

Maak je eigen goede humeur

Soms is het niet gemakkelijk jezelf te motiveren en het leven tegemoet te treden. Het kan soms flink tegenzitten of je voelt je niet super. Op zulke momenten heb je een motiverend zetje nodig, iets waardoor je weer aandacht krijgt voor de essentiële en goede dingen in het leven. Vooral de kleine pluspuntjes zijn snel vergeten. Probeer eens te bedenken wat ook maar weer de drie beste dingen zijn die je de afgelopen weken hebt meegemaakt. Lukt dat? Vast niet, tenzij je het bijhoudt. Gelukkig kun je in dit laatste deel van het avondritueel je geluksmomenten opschrijven. Je noteert elke dag waar je gelukkig van werd. Zo schrijf je je eigen geluksverhaal. Gebruik die aantekeningen als je eigen voorraad gelukskoekjes. Wanneer je hier terugleest wat je schreef toen je je beter voelde, krijg je automatisch een beter humeur. Gaandeweg heb je een hele voorraad opstekers aangelegd, zonder uiterste houdbaarheidsdatum, waaruit je kunt putten als dat nodig is. **De rijkste inspiratiebron waaruit je kunt putten ben je zelf.**

6 Tips

... om het vol te houden en het meeste uit dit dagboek te halen

Tip 1: Leg het dagboek op een vaste plek

Als je het *6 minuten dagboek* elke dag wilt gebruiken, bedenk dan goed waar je het, samen met de pen waarmee je erin gaat schrijven, neerlegt. Dit is een belangrijke beslissing. Dat klinkt misschien onbenullig, maar is het absoluut niet. Zoek bij voorkeur een plekje waar je het dagboek ziet liggen als je opstaat én naar bed gaat. Sommige mensen zullen het dagboek het liefst binnen handbereik bij hun bed willen hebben, bijvoorbeeld op het nachtkastje. Voor anderen ligt een plekje naast hun tandenborstel, handtas of rugzak meer voor de hand. Uit eigen ervaring en door de reacties van mijn Duitse lezers raad ik aan om het schrijven in het dagboek te combineren met een ander ritueel, zoals je kopje koffie of thee in de ochtend. Probeer te ontdekken wat voor jou het best werkt. Zorg dat je het perfecte plekje vindt. Je zult merken dat zo'n geheugensteuntje enorm effectief kan zijn.

Tip 2: Wees gedetailleerd. Voel wat je opschrijft

Omdat je dagboek elke dag dezelfde lay-out heeft, is de kans groot dat je in herhaling zult vallen. Dat is niet zo erg. In sommige gevallen, bijvoorbeeld met de drilboorbenadering waarover je in het hoofdstuk over positieve affirmatie hebt gelezen, kan dat zelfs erg nuttig zijn. Maar in andere gevallen is het niet handig om jezelf te vaak te herhalen. Wat kun je doen om te voorkomen dat je steeds weer hetzelfde schrijft? De oplossing is vrij eenvoudig: wees gedetailleerd! En, heel belangrijk, geniet ervan!

Het gaat meer om wat je voelt bij het schrijven dan om het schrijven zelf. Normaal gesproken hoef je niet lang na te denken over de dingen waarvoor je dankbaar bent, maar de emotie voelen die erbij hoort, vraagt vaak iets meer tijd. De neuropsycholoog Rick Hanson ontdekte dat we positieve ervaringen ongeveer tien seconden in ons bewustzijn moeten vasthouden omdat ze anders niet vanuit het korte- in het langetermijngeheugen komen. Negatieve ervaringen belanden meteen in het langetermijngeheugen.[56] **Je moet daarom bewust een paar seconden extra nemen zodat een voorbijgaand gevoel een blijvende zenuwstructuur wordt.** Neem dus de tijd en wacht op het gevoel (de blijdschap, vreugde, verbazing) voor je je pen op het papier zet. Het kan een enorm verschil betekenen.

Denk aan een boek dat je mooi vindt. Goede schrijvers beschrijven gebeurtenissen meestal niet in gewone woorden, maar met veel details. Ze schrijven meestal niet 'ze zag hem', maar meer iets als: 'Er liep een rilling over haar rug toen hun ogen elkaar ontmoetten en hoewel hun lippen elkaar niet raakten, was het alsof ze hem kuste met haar ademhaling.' Natuurlijk is dit een wat overdreven voorbeeld, maar je begrijpt wat ik bedoel. De emotie zit in de details, en hoe meer details je toevoegt als je iets beschrijft, hoe beter je die emoties kunt voelen.

> *Wilt gij van het geheel genieten,*
> *dan moet gij het geheel ook in het kleinste kunnen zien.*
> JOHANN WOLFGANG VON GOETHE

Misschien dat je gisteren schreef: 'Ik ben dankbaar dat ik Rita heb.' Vandaag kun je dan schrijven: 'Ik ben dankbaar dat Rita steeds nieuwe mensen blijft ontmoeten en ze dan aan mij voorstelt' of 'Ik ben dankbaar dat Rita altijd zo lief naar me glimlacht als we bij anderen op bezoek gaan'. Hetzelfde geldt voor andere delen van het dagboek, vooral als het gaat over de geweldige dingen die je vandaag hebt meegemaakt. Maar wat doe je als de dag helemaal niet zo geweldig was? Precies. Ook dan zit de oplossing weer in de details. Zelfs als alles tegenzit, kun je nog aandacht hebben voor de kleine dingetjes, de lichtpuntjes in een donkere dag. Laat de dag in gedachten aan je voorbijgaan, vanaf het moment dat je opstond, en kijk ernaar alsof alles nog veel erger zou kunnen. Op die manier herinner je je dingen als: 'Mijn favoriete nummer was op de radio' of 'Doordat die vergadering uitviel, had ik meer tijd om mijn presentatie voor te bereiden'. Zelfs dingen als: 'De avocado's waren vandaag in de aanbieding' of 'Ik had heerlijke kip bij de lunch'. Kortom, kleine maar belangrijke details. Maar eigenlijk doet het er niet toe of het een goede of slechte dag was. Het is altijd goed om je meer bewust te zijn van de kleine details.

Het dagboek bijhouden en invullen moet een leuke activiteit zijn, dus laat je gevoelens de vrije loop. Hoe dieper je in jezelf graaft, hoe krachtiger en blijvender de resultaten zullen zijn. Hoe meer je oefent, hoe sneller en eenvoudiger het proces zal zijn. Voor JOU.

> **"**
> *De magie zit in de details.*
> THEODOR FONTANE

Tip 3: Blijf een stapje voor en bereid je nú voor op later

Als je er elke ochtend en elke avond 3 minuten voor inruimt, zul je merken dat je al snel gemakkelijker dingen opschrijft. Toch kunnen er nog dingen zijn die ervoor zorgen dat je dagboek uiteindelijk alleen maar een mooi dingetje in je boekenkast blijft.

Neem nu even een paar minuten de tijd om dat gevaar weg te nemen.

Wat zou ertoe kunnen leiden dat je het dagboek niet gaat gebruiken?

1. _____

2. _____

3. _____

Schrijf nu concrete dingen op die je kunnen helpen die hindernissen weg te nemen:

1. _____

2. _____

3. _____

Omdat 70 procent van onze sensorische receptoren in onze ogen zit en de helft van onze hersencapaciteit gericht is op het verwerken van visuele signalen[57], kan een visueel geheugensteuntje heel nuttig zijn. Je zou de maandelijkse gewoontetracker kunnen gebruiken of de dag afvinken op je kalender zodra je het ochtend- en avondritueel hebt voltooid. Er zijn ook diverse apps die als geheugensteuntje kunnen dienen. *Habit List* of *Strides* zijn nuttige apps voor de iPhone; voor Android zijn *Habit Bull* of *Loop Habit Tracker* handig.

Tip 4: Er zijn geen vaste regels

Voetbal kent een aantal vaste regels, letterlijk de 'regels van het spel'. Toch heeft iedere speler binnen die spelregels zijn eigen manier van spelen. Hetzelfde geldt voor het speelveld van het *6 minuten dagboek*. Bepaal je eigen regels en zorg voor wat afwisseling in jouw dagboek. Je zou jezelf bijvoorbeeld kunnen voornemen om een hele week lang steeds drie nieuwe dingen waarvoor je dankbaar bent op te schrijven. Dan mag je die dingen in die week niet nog een keer opschrijven. Met zo'n oefening train je je waarneming (je RAS, zie blz. 52) om voortdurend de goede dingen van een nieuwe situatie te filteren. Zo zie je vanzelf de kansen en mogelijkheden van die nieuwe situatie. **Als je steeds drie totaal nieuwe dingen weet te bedenken, heb je aan het eind een hele week met unieke redenen om gelukkig te zijn.**

Als je 's ochtends die drie dingen opschrijft, is het niet de bedoeling dat je snel even een boodschappenlijstje met dankbaarheid afvinkt. Als je het dankbaar zijn op die manier benadert, wordt het al gauw een herhalingsoefening en verwerk je je dankbaarheid met je hoofd, niet met je hart. Zoals ik al heb uitgelegd bij Tip 2: je moet voelen wat je schrijft. Omdat details je helpen je meer verbonden te voelen met je emoties, heb je misschien op sommige dagen meer ruimte nodig om alles op te schrijven. Streep in dat geval gewoon de getallen 1 tot 3 weg en gebruik de ruimte voor een langer stukje over dankbaarheid. Datzelfde geldt natuurlijk ook voor de andere delen van het dagboek. Het gaat erom dat je een emotionele band voelt met wat je schrijft. Na verloop van tijd zul je een eigen ritme vinden dat natuurlijk en intuïtief aanvoelt.

Tip 5: Twee dromen meer dan een

Ga op zoek naar een maatje. Ben heeft Jerry, Batman heeft Robin, Bert heeft Ernie en Bonnie had Clyde. Neem iemand in de arm die hetzelfde of een vergelijkbaar doel heeft als jij. Iemand voor wie het *6 minuten dagboek* net zo nuttig kan zijn als voor jou. Als twee mensen die hetzelfde doel voor ogen hebben samenwerken, kunnen ze elkaar wederzijds steunen en aanmoedigen. Vergelijk je ervaringen, houd elkaar op het rechte pad, help en motiveer elkaar.

Maar ook als je het alleen doet, kun je hulp vragen aan vrienden en familie. Vertel gewoon een paar mensen dat je elke dag aan het *6 minuten dagboek* werkt. Zo zorg je ervoor dat je het niet vergeet en heb je een stok achter de deur, wat nuttig kan zijn om ervoor te zorgen dat je het volhoudt.[58] Je wilt de rest tenslotte kunnen laten zien dat je hebt bereikt wat je wilde bereiken, dat je woord kunt houden. Misschien zet je anderen er wel toe aan hetzelfde te doen!

Tip 6: Maak categorieën

Niets menselijks is je vreemd, dus komt er waarschijnlijk een moment dat je het *6 minuten dagboek* niet elke dag gebruikt. Zo niet, geweldig! Zo ja, laat dan de alles-of-nietsbenadering schieten, want die leidt alleen maar tot schuldgevoelens en zorgt ervoor dat je niet verder vooruitkomt. Probeer je niet schuldig te voelen, geef jezelf toestemming om het wat rustiger aan te doen. Sta jezelf toe alleen je favoriete deel in te vullen of schrijf wat kortere stukjes. Het mooie is, zodra je dat kleine stapje hebt genomen, kom je weer in een stroomversnelling die je terugbrengt bij je gebruikelijke 6-minutenritme.

> *Maak het zo simpel dat je geen nee kunt zeggen.*
> LEO BAUBAUTA

Zelfs als je het dagboek elke dag gebruikt en je vastbesloten bent altijd emotioneel betrokken te blijven bij je aantekeningen, zul je op een gegeven moment wat minder inspiratie hebben. Als dat gebeurt, kun je of iets meer tijd nemen zodat je weer voelt wat je wilt schrijven of (omdat je waarschijnlijk niet alle tijd van de wereld hebt) iets proberen wat minder tijdrovend is. Schrijf niet spontaan op waarvoor je dankbaar bent, maar zoek de dankbaarheid in bepaalde aspecten van je leven. Je kunt hiervoor je eigen categorieën gebruiken, zoals:

1. Gezondheid: sport, spijsvertering, voeding, ademhaling, spiritualiteit, slaap...
2. Relaties: familie, vrienden, partners, collega's, klanten, honden, katten...
3. Gebeurtenissen: iets leuks dat vorige week, maand, kwartaal, jaar is gebeurd of iets geweldigs dat (hopelijk) volgende week, maand... gaat gebeuren.
4. Natuur: tjilpende vogels, prachtige wolken, bloeiende bloemen, een goudrode zonsondergang, de geur van pas gemaaid gras, de zon op je huid...
5. De kleine dingen in het leven: voorbijgangers die lachen, je nieuwe playlist, de tedere aanraking van een ander, de lach van een baby, het knusse gevoel van je favoriete trui...

Focus een dag lang op je gezin of besteed een week lang meer aandacht aan je vrienden. Je kunt ook wat meer aandacht geven aan een oude relatie die je dierbaar is. Laat je meevoeren door je eigen creativiteit. Er is geen vast recept. Laat de vorm van dit dagboek bepalen door je eigen behoeften en wensen. Je kunt er zelfs een week lang je persoonlijke 6-minutengezondheidsdagboek of een 6-minutenrelatiedagboek van maken. Het gaat erom dat je een manier vindt die bij jou past en bij wat jij op dit moment nodig hebt. Er zijn meerdere wegen die naar Rome leiden, en ook meerdere wegen naar een gelukkiger leven met meer voldoening.

> *Actie leidt niet altijd tot geluk, maar er is geen geluk zonder actie.*
>
> — WILLIAM JAMES

Het
dagboek

... genoeg gekletst, nu is het jouw beurt. Het is tijd om iets te gaan doen!

Geef voor je begint een cijfer aan de onderstaande aspecten van je leven (1 = slechtst mogelijk/10 = best mogelijk). Zet dan een pijltje naast de cijfers om aan te geven of dit aspect beter of slechter wordt. Doe deze evaluatie elke vier weken.

Voorbeeld:

Dankbaarheid: 1 2 3 4 5 6 ⑦ 8 9 10 ←

JE MAANDELIJKSE CONTROLE

Stemming:	1	2	3	4	5	6	7	8	9	10
Dankbaarheid:	1	2	3	4	5	6	7	8	9	10
Mindfulness:	1	2	3	4	5	6	7	8	9	10
Familie:	1	2	3	4	5	6	7	8	9	10
Vrienden:	1	2	3	4	5	6	7	8	9	10
Relatie:	1	2	3	4	5	6	7	8	9	10
Leuke dingen doen:	1	2	3	4	5	6	7	8	9	10
Kalmte en rust:	1	2	3	4	5	6	7	8	9	10
Tijd voor jezelf:	1	2	3	4	5	6	7	8	9	10
Gezond eten:	1	2	3	4	5	6	7	8	9	10
Water drinken:	1	2	3	4	5	6	7	8	9	10
Sporten en bewegen:	1	2	3	4	5	6	7	8	9	10
Naar buiten gaan:	1	2	3	4	5	6	7	8	9	10
Gezondheid:	1	2	3	4	5	6	7	8	9	10
Creativiteit:	1	2	3	4	5	6	7	8	9	10
Geldzaken:	1	2	3	4	5	6	7	8	9	10
Werk en opleiding:	1	2	3	4	5	6	7	8	9	10
Gedachten en gevoelens:	1	2	3	4	5	6	7	8	9	10
Het heden:	1	2	3	4	5	6	7	8	9	10
De toekomst:	1	2	3	4	5	6	7	8	9	10

We hebben het in dit boek al gehad over de kracht van gewoonten. Vanaf nu kun je die kracht gebruiken om je eigen gewoonten positief te veranderen. Welke goede gewoonten wil je ontwikkelen? Om de dag sporten, stoppen met roken, 20 minuten lezen of drie high fives per dag geven? Het maakt niet uit of je bestaande gewoonten wilt bijhouden, oude gewoonten wilt afleren of nieuwe wilt aanleren, de gewoontetracker helpt je bij het bereiken van dat doel.

Voorbeeld:

Anderhalve liter water drinken

~~1~~	2	~~3~~	~~4~~	~~5~~	6	7	~~8~~	~~9~~	~~10~~	~~11~~	12	~~13~~	14	~~15~~	~~16~~
~~17~~	~~18~~	~~19~~	20	~~21~~	~~22~~	~~23~~	~~24~~	~~25~~	~~26~~	27	~~28~~	~~29~~	~~30~~	~~31~~	

JE GEWOONTETRACKER

1	2	3	4	5	6	7	8	9	10	11	12	13	14	15	16
17	18	19	20	21	22	23	24	25	26	27	28	29	30	31	

1	2	3	4	5	6	7	8	9	10	11	12	13	14	15	16
17	18	19	20	21	22	23	24	25	26	27	28	29	30	31	

1	2	3	4	5	6	7	8	9	10	11	12	13	14	15	16
17	18	19	20	21	22	23	24	25	26	27	28	29	30	31	

> *We zijn wat we herhaaldelijk doen. Uitmuntend presteren is dus geen daad maar een gewoonte.*
> ARISTOTELES

WEEKVRAGEN

Waar maak je je op dit moment het meeste zorgen over? Stel je voor dat niet jij je hierover zorgen maakte, maar je beste vriend of vriendin. Wat zou je hem/haar adviseren?

_____
_____
_____
_____
_____

Als je kijkt naar wat je nu elke dag doet en naar je dagelijkse gewoonten, hoe zie je dan je leven over vijf jaar? Wat voor soort mens zul je zijn als je blijft doen wat je nu doet?

_____
_____
_____
_____
_____

Wie is op dit moment je beste vriend/vriendin? Waar ben je hem/haar het meest dankbaar voor? Wat waardeert hij/zij het meeste aan jou?

_____
_____
_____
_____

Laten we even teruggaan in de tijd: als je jezelf van tien jaar geleden kon bellen en dertig seconden lang mocht praten, welk advies zou je jezelf dan geven?

_____
_____
_____
_____

Wanneer heb je voor het laatst gehuild van blijdschap? Wanneer had je voor het laatst kippenvel over iets positiefs?

_____
_____
_____

WEEKAANTEKENINGEN

M D W D V Z Z _____

Ik ben dankbaar voor...

1. _____
2. _____
3. _____

Zo ga ik van vandaag een geweldige dag maken

Positieve affirmatie

Je uitdaging van de week

Schrijf een e-mail aan jezelf in de toekomst die je ontvangt wanneer je eerste *6 minuten dagboek* vol is (over ongeveer 6 maanden). Beschrijf waar je jezelf dan ziet en hoe je leven er dan uitziet. Je kunt zo'n e-mail voor de toekomst bijvoorbeeld schrijven op futureme.org of whensend.com.

Mijn goede daad van vandaag

Wat ik aan mezelf kan verbeteren

Leuke dingen die ik heb meegemaakt

1. _____
2. _____
3. _____

M D W D V Z Z _____

Ik ben dankbaar voor...

1. _____
2. _____
3. _____

Zo ga ik van vandaag een geweldige dag maken

Positieve affirmatie

> *De beste manier om de toekomst te voorspellen is om hem zelf te maken.*
> ABRAHAM LINCOLN

Mijn goede daad van vandaag

Wat ik aan mezelf kan verbeteren

Leuke dingen die ik heb meegemaakt

1. _____
2. _____
3. _____

M D W D V Z Z _____

Ik ben dankbaar voor…

1. _____
2. _____
3. _____

Zo ga ik van vandaag een geweldige dag maken

_____
_____
_____
_____
_____

Positieve affirmatie

_____
_____

> *Zij die overdag dromen zijn zich van veel meer dingen bewust dan de mensen die alleen 's nachts dromen.*
> EDGAR ALLAN POE

Mijn goede daad van vandaag

_____
_____

Wat ik aan mezelf kan verbeteren

_____
_____

Leuke dingen die ik heb meegemaakt

1. _____
2. _____
3. _____

M D W D V Z Z _____

Ik ben dankbaar voor...

1. _____
2. _____
3. _____

Zo ga ik van vandaag een geweldige dag maken

Positieve affirmatie

> *Het leven is belangrijk in het leven, niet het resultaat.*
> — JOHANN WOLFGANG VON GOETHE

Mijn goede daad van vandaag

Wat ik aan mezelf kan verbeteren

Leuke dingen die ik heb meegemaakt

1. _____
2. _____
3. _____

M D W D V Z Ż _____

Ik ben dankbaar voor...

1. _____
2. _____
3. _____

Zo ga ik van vandaag een geweldige dag maken

Positieve affirmatie

> *Je kunt beter veel kleine stapjes in de juiste richting zetten dan een grote sprong voorwaarts nemen en achterovervallen.*
> CHINEES SPREEKWOORD

Mijn goede daad van vandaag

Wat ik aan mezelf kan verbeteren

Leuke dingen die ik heb meegemaakt

1. _____
2. _____
3. _____

M D W D V Z Z _____

Ik ben dankbaar voor...

1. _____
2. _____
3. _____

Zo ga ik van vandaag een geweldige dag maken

Positieve affirmatie

> *Van iedereen volgens zijn vermogen, voor iedereen volgens zijn behoeften.*
> — KARL MARX

Mijn goede daad van vandaag

Wat ik aan mezelf kan verbeteren

Leuke dingen die ik heb meegemaakt

1. _____
2. _____
3. _____

M D W D V Z Z _____

Ik ben dankbaar voor...

1. _____
2. _____
3. _____

Zo ga ik van vandaag een geweldige dag maken

Positieve affirmatie

> *Een optimist staat niet in de regen maar doucht onder een wolk.*
> THOMAS ROMANUS

Mijn goede daad van vandaag

Wat ik aan mezelf kan verbeteren

Leuke dingen die ik heb meegemaakt

1. _____
2. _____
3. _____

WEEKVRAGEN

Volgens Jim Roth brengen mensen de meeste tijd door met gemiddeld vijf mensen. Jij bent dus een van die vijf. Wie zijn die anderen op dit moment? Wat zeggen ze over wie jij bent?

___

Wat vind je het leukst aan jezelf en waarom? Houd je van jezelf?

___

Welk compliment heeft de grootste invloed op je gehad? Hoe heeft het je leven beïnvloed? Wanneer heb je voor het laatst iemand anders een compliment gegeven en was die persoon daar echt blij mee?

___

Wat zou je meteen doen als je niet bang was om fouten te maken?

___

Over welk onderwerp kun jij urenlang praten? Wanneer heb je dat voor het laatst gedaan?

___

WEEKAANTEKENINGEN

M D W D V Z Z _____

Ik ben dankbaar voor...

1. _____
2. _____
3. _____

Zo ga ik van vandaag een geweldige dag maken

Positieve affirmatie

Je uitdaging van de week:
Vaak blijken onverwachte gebeurtenissen het leukst. Gewoon zomaar aardig zijn kan iemands hele dag goedmaken. Doe dus iets aardigs voor iemand die dat nooit van jou verwacht.

Mijn goede daad van vandaag

Wat ik aan mezelf kan verbeteren

Leuke dingen die ik heb meegemaakt

1. _____
2. _____
3. _____

M D W D V Z Z _____

Ik ben dankbaar voor...

1. _____
2. _____
3. _____

Zo ga ik van vandaag een geweldige dag maken

Positieve affirmatie

> *Overal waar zich een mens bevindt,*
> *is een gelegenheid voor een vriendelijke daad.*
> LUCIAUS ANNAEUS SENECA

Mijn goede daad van vandaag

Wat ik aan mezelf kan verbeteren

Leuke dingen die ik heb meegemaakt

1. _____
2. _____
3. _____

M D W D V Z Z _____

Ik ben dankbaar voor...

1. _____
2. _____
3. _____

Zo ga ik van vandaag een geweldige dag maken

Positieve affirmatie

> *Een druppel liefde is meer dan een oceaan vol intellect.*
> BLAISE PASCAL

Mijn goede daad van vandaag

Wat ik aan mezelf kan verbeteren

Leuke dingen die ik heb meegemaakt

1. _____
2. _____
3. _____

M D W D V Z Z _____

Ik ben dankbaar voor...

1. _____
2. _____
3. _____

Zo ga ik van vandaag een geweldige dag maken

_____
_____
_____
_____
_____

Positieve affirmatie

_____
_____

> *De gewoonte om alle gebeurtenissen positief te benaderen is meer waard dan duizend pond per jaar.*
> SAMUEL JOHNSON

Mijn goede daad van vandaag

_____
_____

Wat ik aan mezelf kan verbeteren

_____
_____

Leuke dingen die ik heb meegemaakt

1. _____
2. _____
3. _____

M D W D V Z Z _____

Ik ben dankbaar voor...

1. _____
2. _____
3. _____

Zo ga ik van vandaag een geweldige dag maken

Positieve affirmatie

> *De man die bergen verzet, begint met het weghalen van kleine steentjes*
> CONFUCIUS

Mijn goede daad van vandaag

Wat ik aan mezelf kan verbeteren

Leuke dingen die ik heb meegemaakt

1. _____
2. _____
3. _____

M D W D V Z Z _____

Ik ben dankbaar voor...

1. _____
2. _____
3. _____

Zo ga ik van vandaag een geweldige dag maken

Positieve affirmatie

> **Eerlijkheid levert je misschien niet veel vrienden op, maar wel altijd de juiste vrienden.**
> JOHN LENNON

Mijn goede daad van vandaag

Wat ik aan mezelf kan verbeteren

Leuke dingen die ik heb meegemaakt

1. _____
2. _____
3. _____

M D W D V Z Z _____

Ik ben dankbaar voor...

1. _____
2. _____
3. _____

Zo ga ik van vandaag een geweldige dag maken

Positieve affirmatie

> *Het geheim van veranderen is niet al je energie richten op vechten tegen het oude, maar op nieuwe dingen opbouwen.*
> SOCRATES

Mijn goede daad van vandaag

Wat ik aan mezelf kan verbeteren

Leuke dingen die ik heb meegemaakt

1. _____
2. _____
3. _____

WEEKVRAGEN

Wat zijn op dit moment de drie belangrijkste zaken in je leven? Waar wil je echt je tijd en energie in steken? (Als je de dingen die je echt belangrijk vindt bij elkaar wilt zetten, kun je daarvoor de lege bladzijden achter in dit boek gebruiken.)

_____
_____
_____
_____

In welk opzicht besteed je te veel tijd aan dingen die je niet belangrijk vindt en hoe kun je ervoor zorgen dat je er minder tijd aan besteedt? Maak een Niet-Doen-Lijst zodat je je meer bewust wordt van de dingen die je belangrijk vindt (ook hiervoor kun je weer de bladzijden achter in het boek gebruiken).

_____
_____
_____
_____

Waar maak je je te veel zorgen over? Is dat over vijf jaar nog relevant? Is het over vijf weken nog relevant? Of over vijf dagen?

_____
_____
_____

Wat is volgens jou de eerste indruk die mensen van je hebben?

_____
_____
_____

Vind je dat je iets moet bereiken om iets waard te zijn? Waarom is dat zo?

_____
_____
_____

WEEKAANTEKENINGEN

MDWDVZZ_____

Ik ben dankbaar voor...

1. _____
2. _____
3. _____

Zo ga ik van vandaag een geweldige dag maken

Positieve affirmatie

Je uitdaging van de week:

De stoïcijnse filosoof Seneca zei: 'We lijden meer door onze verbeelding dan door de werkelijkheid.' Tweeduizend jaar later toonde een onderzoek aan dat hij gelijk had. Slechts vijftien procent van de dingen waar we ons zorgen over maken, wordt werkelijkheid, en tachtig procent van de dingen die werkelijkheid worden, blijkt gemakkelijker op te lossen dan gedacht.[59] Het glas is dus echt maar half vol; er is alle reden voor optimisme.

Mijn goede daad van vandaag

Wat ik aan mezelf kan verbeteren

Leuke dingen die ik heb meegemaakt

1. _____
2. _____
3. _____

M D W D V Z Z _____

Ik ben dankbaar voor...

1. _____
2. _____
3. _____

Zo ga ik van vandaag een geweldige dag maken

Positieve affirmatie

> *De mens maakt zich geen zorgen over echte problemen maar over ingebeelde angsten over echte problemen.*
> — EPICTETUS

Mijn goede daad van vandaag

Wat ik aan mezelf kan verbeteren

Leuke dingen die ik heb meegemaakt

1. _____
2. _____
3. _____

M D W D V Z Z _____

Ik ben dankbaar voor…

1. _____
2. _____
3. _____

Zo ga ik van vandaag een geweldige dag maken

Positieve affirmatie

> *Verpest wat je hebt niet door te verlangen naar iets wat je niet hebt; wat je nu hebt behoorde ooit tot de dingen waarvan je alleen maar kon dromen.*
> EPICURUS

Mijn goede daad van vandaag

Wat ik aan mezelf kan verbeteren

Leuke dingen die ik heb meegemaakt

1. _____
2. _____
3. _____

M D W D V Z Z _____

Ik ben dankbaar voor...

1. _____
2. _____
3. _____

Zo ga ik van vandaag een geweldige dag maken

Positieve affirmatie

> *De meeste mensen overschatten wat ze in één jaar kunnen doen en onderschatten wat ze in tien jaar kunnen doen.*
> BILL GATES

Mijn goede daad van vandaag

Wat ik aan mezelf kan verbeteren

Leuke dingen die ik heb meegemaakt

1. _____
2. _____
3. _____

M D W D V Z Z _____

Ik ben dankbaar voor...

1. _____
2. _____
3. _____

Zo ga ik van vandaag een geweldige dag maken

_____
_____
_____
_____
_____

Positieve affirmatie

_____
_____

> *De grootste uitdaging in het leven is jezelf zijn in een wereld die jou probeert te maken zoals ieder ander.*
> RALPH WALDO EMERSON

Mijn goede daad van vandaag

_____
_____

Wat ik aan mezelf kan verbeteren

_____
_____

Leuke dingen die ik heb meegemaakt

1. _____
2. _____
3. _____

M D W D V Z Z _____

Ik ben dankbaar voor...

1. _____
2. _____
3. _____

Zo ga ik van vandaag een geweldige dag maken

Positieve affirmatie

> *De hoogste beloning voor iemands inspanningen is niet wat hij ervoor krijgt, maar wat hij erdoor wordt.*
> JOHN RUSKIN

Mijn goede daad van vandaag

Wat ik aan mezelf kan verbeteren

Leuke dingen die ik heb meegemaakt

1. _____
2. _____
3. _____

M D W D V Z Z _____

Ik ben dankbaar voor...

1. _____
2. _____
3. _____

Zo ga ik van vandaag een geweldige dag maken

Positieve affirmatie

> *Zoals iemands gedachten zijn,*
> *zo is ook zijn persoonlijkheid,*
> *want de ziel wordt geverfd door de gedachte.*
> MARCUS AURELIUS

Mijn goede daad van vandaag

Wat ik aan mezelf kan verbeteren

Leuke dingen die ik heb meegemaakt

1. _____
2. _____
3. _____

WEEKVRAGEN

Heb je tekortkomingen? Iedereen heeft ze. Je tekortkomingen maken je uniek, net als je sterke punten. Wat zijn jouw tekortkomingen? Schrijf ze op zodat je ze kunt omarmen en er trots op kunt zijn!

_____
_____
_____
_____
_____

Wat zijn op dit moment je drie meest schadelijke gewoonten? Wat is de meest schadelijke van die drie en waarom heb je die gewoonte nog niet afgezworen? Gebruik de maandelijkse gewoontetracker om die gewoonte af te leren.

_____
_____
_____
_____

Wanneer stond je voor het laatst op het punt om iets op te geven? Waarom heb je dat uiteindelijk niet gedaan?

_____
_____
_____
_____

Wanneer heb je voor het laatst iets gedaan dat niemand van je verwacht had, zelfs jij niet? Wat voelde je hierbij?

_____
_____
_____
_____

Wie en wat maakt je het meest aan het lachen?

_____
_____
_____

OPMERKINGEN EN IDEEËN

M D W D V Z Z _____

Ik ben dankbaar voor...

1. _____
2. _____
3. _____

Zo ga ik van vandaag een geweldige dag maken

Positieve affirmatie

Je uitdaging van de week:
Deze week ben jij de positieve tegenhanger: zodra je merkt dat iemand iets onaardigs over een ander zegt, zorg jij dat je iets aardigs zegt over die persoon.

Mijn goede daad van vandaag

Wat ik aan mezelf kan verbeteren

Leuke dingen die ik heb meegemaakt

1. _____
2. _____
3. _____

M D W D V Z Z _____

Ik ben dankbaar voor...

1. _____
2. _____
3. _____

Zo ga ik van vandaag een geweldige dag maken

Positieve affirmatie

> *Degene die bomen plant in de wetenschap dat hij nooit in hun schaduw zal zitten, heeft in elk geval de betekenis van het leven begrepen.*
> RABINDRANATH TAGORE

Mijn goede daad van vandaag

Wat ik aan mezelf kan verbeteren

Leuke dingen die ik heb meegemaakt

1. _____
2. _____
3. _____

M D W D V Z Z _____

Ik ben dankbaar voor...

1. _____
2. _____
3. _____

Zo ga ik van vandaag een geweldige dag maken

Positieve affirmatie

> *Wat achter ons ligt en voor ons ligt, is onbeduidend vergeleken met wat in ons ligt.*
> RALPH WALDO EMERSON

Mijn goede daad van vandaag

Wat ik aan mezelf kan verbeteren

Leuke dingen die ik heb meegemaakt

1. _____
2. _____
3. _____

M D W D V Z Z _____

Ik ben dankbaar voor...

1. _____
2. _____
3. _____

Zo ga ik van vandaag een geweldige dag maken

Positieve affirmatie

> *Wat we inwendig presteren,*
> *verandert onze uitwendige werkelijkheid.*
> PLUTARCHUS

Mijn goede daad van vandaag

Wat ik aan mezelf kan verbeteren

Leuke dingen die ik heb meegemaakt

1. _____
2. _____
3. _____

M D W D V Z Z _____

Ik ben dankbaar voor...

1. _____
2. _____
3. _____

Zo ga ik van vandaag een geweldige dag maken

Positieve affirmatie

> *Alleen wie zuiver van hart is, kan goede soep maken.*
> LUDWIG VAN BEETHOVEN

Mijn goede daad van vandaag

Wat ik aan mezelf kan verbeteren

Leuke dingen die ik heb meegemaakt

1. _____
2. _____
3. _____

M D W D V Z Z _____

Ik ben dankbaar voor...

1. _____
2. _____
3. _____

Zo ga ik van vandaag een geweldige dag maken

Positieve affirmatie

> *Ik heb niet gefaald. Ik heb gewoon 10.000 manieren ontdekt die niet werken.*
> THOMAS A. EDISON

Mijn goede daad van vandaag

Wat ik aan mezelf kan verbeteren

Leuke dingen die ik heb meegemaakt

1. _____
2. _____
3. _____

M D W D V Z Z _____

Ik ben dankbaar voor...

1. _____
2. _____
3. _____

Zo ga ik van vandaag een geweldige dag maken

Positieve affirmatie

> *In elke echte man zit een kind verborgen dat wil spelen.*
> FRIEDRICH NIETZSCHE

Mijn goede daad van vandaag

Wat ik aan mezelf kan verbeteren

Leuke dingen die ik heb meegemaakt

1. _____
2. _____
3. _____

WEEKVRAGEN

Op welke karaktertrekken van jezelf en dingen die je hebt bereikt ben je echt trots? Waarom ben je juist daar zo trots op?

_____
_____
_____
_____
_____
_____

Wat zou je doen als je een dag van geslacht kon veranderen? Waar kijk je het meest naar uit?

_____
_____
_____
_____
_____
_____

Wat zou je met je tijd doen als je twee jaar in de gevangenis moest zitten?

_____
_____
_____
_____

Wat is volgens jou het mooiste van ouder worden?

_____
_____
_____

Wie waren tien jaar geleden de belangrijkste mensen in je leven? Wie zijn dat nu en wat is er wel of niet veranderd?

_____
_____

WEEKAANTEKENINGEN

MAANDELIJKSE CONTROLE

Stemming:	1	2	3	4	5	6	7	8	9	10
Dankbaarheid:	1	2	3	4	5	6	7	8	9	10
Mindfulness:	1	2	3	4	5	6	7	8	9	10
Familie:	1	2	3	4	5	6	7	8	9	10
Vrienden:	1	2	3	4	5	6	7	8	9	10
Relatie:	1	2	3	4	5	6	7	8	9	10
Leuke dingen doen:	1	2	3	4	5	6	7	8	9	10
Kalmte en rust:	1	2	3	4	5	6	7	8	9	10
Tijd voor jezelf:	1	2	3	4	5	6	7	8	9	10
Gezond eten:	1	2	3	4	5	6	7	8	9	10
Water drinken:	1	2	3	4	5	6	7	8	9	10
Sporten en bewegen:	1	2	3	4	5	6	7	8	9	10
Naar buiten gaan:	1	2	3	4	5	6	7	8	9	10
Gezondheid:	1	2	3	4	5	6	7	8	9	10
Creativiteit:	1	2	3	4	5	6	7	8	9	10
Geldzaken:	1	2	3	4	5	6	7	8	9	10
Werk en opleiding:	1	2	3	4	5	6	7	8	9	10
Gedachten en gevoelens:	1	2	3	4	5	6	7	8	9	10
Het heden:	1	2	3	4	5	6	7	8	9	10
De toekomst:	1	2	3	4	5	6	7	8	9	10

GEWOONTETRACKER

1	2	3	4	5	6	7	8	9	10	11	12	13	14	15	16
17	18	19	20	21	22	23	24	25	26	27	28	29	30	31	

1	2	3	4	5	6	7	8	9	10	11	12	13	14	15	16
17	18	19	20	21	22	23	24	25	26	27	28	29	30	31	

1	2	3	4	5	6	7	8	9	10	11	12	13	14	15	16
17	18	19	20	21	22	23	24	25	26	27	28	29	30	31	

M D W D V Z Z _____

Ik ben dankbaar voor...

1. _____
2. _____
3. _____

Zo ga ik van vandaag een geweldige dag maken

Positieve affirmatie

Je uitdaging van de week:

Weet je wat Leonardo da Vinci, Eleanor Roosevelt, Bill Clinton, Margaret Thatcher en Albert Einstein met elkaar gemeen hebben? Ze doen (of deden) elke dag een dutje. In de Japanse grondwet is het recht om een dutje te doen zelfs vastgelegd. Gun jezelf af en toe een dutje van 20 minuten en geniet van de voordelen die het oplevert, zoals een betere concentratie, een beter geheugen en minder stress.

Mijn goede daad van vandaag

Wat ik aan mezelf kan verbeteren

Leuke dingen die ik heb meegemaakt

1. _____
2. _____
3. _____

M D W D V Z Z _____

Ik ben dankbaar voor...

1. _____
2. _____
3. _____

Zo ga ik van vandaag een geweldige dag maken

Positieve affirmatie

> *De kunst van het ontspannen hoort bij de kunst van het werken.*
> JOHN STEINBECK

Mijn goede daad van vandaag

Wat ik aan mezelf kan verbeteren

Leuke dingen die ik heb meegemaakt

1. _____
2. _____
3. _____

M D W D V Z Z _____

Ik ben dankbaar voor...

1. _____
2. _____
3. _____

Zo ga ik van vandaag een geweldige dag maken

Positieve affirmatie

> *Als iemand niet weet naar welke haven hij moet varen, maakt het niet uit hoe de wind staat.*
> LUCIUS ANNAEUS SENECA

Mijn goede daad van vandaag

Wat ik aan mezelf kan verbeteren

Leuke dingen die ik heb meegemaakt

1. _____
2. _____
3. _____

M D W D V Z Z _____

Ik ben dankbaar voor...

1. _____
2. _____
3. _____

Zo ga ik van vandaag een geweldige dag maken

Positieve affirmatie

> *Vrijwel alles wat je doet is onbelangrijk, maar het is belangrijk dat je het doet.*
> MAHATMA GANDHI

Mijn goede daad van vandaag

Wat ik aan mezelf kan verbeteren

Leuke dingen die ik heb meegemaakt

1. _____
2. _____
3. _____

M D W D V Z Z _____

Ik ben dankbaar voor...

1. _____
2. _____
3. _____

Zo ga ik van vandaag een geweldige dag maken

Positieve affirmatie

> *Naarmate ik ouder word, let ik minder op wat mensen zeggen. Ik kijk gewoon wat ze doen.*
> ANDREW CARNEGIE

Mijn goede daad van vandaag

Wat ik aan mezelf kan verbeteren

Leuke dingen die ik heb meegemaakt

1. _____
2. _____
3. _____

M D W D V Z Z _____

Ik ben dankbaar voor...

1. _____
2. _____
3. _____

Zo ga ik van vandaag een geweldige dag maken

Positieve affirmatie

> *Laat jezelf stil aangetrokken worden door die vreemde aantrekkingskracht van de dingen die je oprecht leuk vindt. Je zult er niet door van het juiste pad raken.*
> RUMI

Mijn goede daad van vandaag

Wat ik aan mezelf kan verbeteren

Leuke dingen die ik heb meegemaakt

1. _____
2. _____
3. _____

M D W D V Z Z _____

Ik ben dankbaar voor…

1. _____
2. _____
3. _____

Zo ga ik van vandaag een geweldige dag maken

Positieve affirmatie

> *Als we iemand ontmoeten die ons dankbaarheid verschuldigd is, herinneren we ons dat meteen. Maar hoe vaak ontmoeten we niet iemand die wíj dankbaarheid verschuldigd zijn zonder dat we erbij stilstaan?*
> JOHANN WOLFGANG VON GOETHE

Mijn goede daad van vandaag

Wat ik aan mezelf kan verbeteren

Leuke dingen die ik heb meegemaakt

1. _____
2. _____
3. _____

WEEKVRAGEN

Als ik 'leven' zeg, wat zeg jij dan? Niet te lang nadenken, noteer gewoon de eerste woorden die bij je opkomen. Je zult versteld staan over wat je van jezelf kunt leren als je je laat leiden door je intuïtie.

Leven: _____
Humor: _____
Angst: _____
Liefde: _____
Verdriet: _____
Eerlijkheid: _____
Toekomst: _____

Waarom heb je voor dit beroep gekozen?
Doe je wat je echt wilt doen?

_____
_____
_____
_____

Op welke leeftijd was je tot nu toe het gelukkigst?
Wat was (is) zo bijzonder aan die periode?

_____
_____
_____

Wanneer heb je voor het laatst tegen iemand gelogen en waarom?
Over welk aspect van je leven lieg je tegen jezelf?

_____
_____
_____

Als je een gebeurtenis uit het verleden of de toekomst zou mogen bijwonen, welke zou dat zijn?

_____
_____

WEEKAANTEKENINGEN

M D W D V Z Z _____

Ik ben dankbaar voor...

1. _____
2. _____
3. _____

Zo ga ik van vandaag een geweldige dag maken

Positieve affirmatie

Je uitdaging van de week:
Wie was voor jou het afgelopen jaar het belangrijkst in je leven? Waarom laat je die persoon niet even met een kort berichtje, handgeschreven briefje of telefoontje weten hoe dankbaar je bent? Kijk even naar 'An Experiment in Gratitude' (*The Science of Happiness*) op YouTube en zie hoe krachtig je bericht kan zijn.

Mijn goede daad van vandaag

Wat ik aan mezelf kan verbeteren

Leuke dingen die ik heb meegemaakt

1. _____
2. _____
3. _____

M D W D V Z Z _____

Ik ben dankbaar voor...

1. _____
2. _____
3. _____

Zo ga ik van vandaag een geweldige dag maken

Positieve affirmatie

> *Dankbaarheid voelen en het niet uiten is als een cadeau inpakken en het niet geven.*
> WILLIAM ARTHUR WARD

Mijn goede daad van vandaag

Wat ik aan mezelf kan verbeteren

Leuke dingen die ik heb meegemaakt

1. _____
2. _____
3. _____

M D W D V Z Z _____

Ik ben dankbaar voor...

1. _____
2. _____
3. _____

Zo ga ik van vandaag een geweldige dag maken

Positieve affirmatie

> *Er is geen weg naar geluk.*
> *Geluk is de weg.*
> BOEDDHA

Mijn goede daad van vandaag

Wat ik aan mezelf kan verbeteren

Leuke dingen die ik heb meegemaakt

1. _____
2. _____
3. _____

M D W D V Z Z _____

Ik ben dankbaar voor...

1. _____
2. _____
3. _____

Zo ga ik van vandaag een geweldige dag maken

Positieve affirmatie

> *Als het hele jaar uit spelen bestond, zou spelen net zo saai worden als werken.*
> WILLIAM SHAKESPEARE

Mijn goede daad van vandaag

Wat ik aan mezelf kan verbeteren

Leuke dingen die ik heb meegemaakt

1. _____
2. _____
3. _____

M D W D V Z Z _____

Ik ben dankbaar voor...

1. _____
2. _____
3. _____

Zo ga ik van vandaag een geweldige dag maken

Positieve affirmatie

> *Het leven is een groot schilderdoek waarop je zo veel mogelijk verf moet gooien.*
> DANNY KAYE

Mijn goede daad van vandaag

Wat ik aan mezelf kan verbeteren

Leuke dingen die ik heb meegemaakt

1. _____
2. _____
3. _____

M D W D V Z Z _____

Ik ben dankbaar voor...

1. _____
2. _____
3. _____

Zo ga ik van vandaag een geweldige dag maken

Positieve affirmatie

> *Leer eerst jezelf kennen en onderscheid jezelf daarna overeenkomstig.*
> **EPICTETUS**

Mijn goede daad van vandaag

Wat ik aan mezelf kan verbeteren

Leuke dingen die ik heb meegemaakt

1. _____
2. _____
3. _____

M D W D V Z Z _____

Ik ben dankbaar voor...

1. _____
2. _____
3. _____

Zo ga ik van vandaag een geweldige dag maken

Positieve affirmatie

> *Een dag die we aan anderen besteden,*
> *is niet aan onszelf besteed.*
> — CHARLES DICKENS

Mijn goede daad van vandaag

Wat ik aan mezelf kan verbeteren

Leuke dingen die ik heb meegemaakt

1. _____
2. _____
3. _____

WEEKVRAGEN

Wat wil je het komende jaar absoluut bereiken? Voegt dit iets toe aan je situatie op dit moment? Wat zal er volgens jou veranderen als je het bereikt hebt? Zit je met je doelen voor de korte en lange termijn op dezelfde koers?

___

Ben je onlangs iets of iemand belangrijks kwijtgeraakt? Welke twee positieve inzichten heb je aan die ervaring overgehouden?

___

Wat is het beste advies dat je ooit hebt gekregen? Wat is volgens jou het beste advies dat je ooit hebt gegeven?

___

Als je een reusachtig reclamebord van honderd meter zou kunnen neerzetten op een plek van jouw keuze, waar zou dat zijn? Wat zou je erop zetten en waarom?

___

Is er iets waarvan je intuïtief aanvoelt dat je het negeert?

___

WEEKAANTEKENINGEN

M D W D V Z Z _____

Ik ben dankbaar voor…

1. _____
2. _____
3. _____

Zo ga ik van vandaag een geweldige dag maken

Positieve affirmatie

Je uitdaging van de week:

Andere mensen hebben veel van de lessen die je uiteindelijk zult leren al onder de knie. Mensen met meer ervaring kunnen je dus in een paar minuten leren wat je anders in weken of maanden zelf zou moeten ontdekken. Sta je jezelf toe dat soort mensen actief te benaderen? Deze week wel. Neem contact op met iemand met meer ervaring en leer van zijn of haar levenslessen en wijsheid.

Mijn goede daad van vandaag

Wat ik aan mezelf kan verbeteren

Leuke dingen die ik heb meegemaakt

1. _____
2. _____
3. _____

M D W D V Z Z _____

Ik ben dankbaar voor...

1. _____
2. _____
3. _____

Zo ga ik van vandaag een geweldige dag maken

Positieve affirmatie

> *Iemand die vraagt is vijf minuten lang dom.*
> *Iemand die nooit vraagt, is dat levenslang.*
> CHINEES SPREEKWOORD

Mijn goede daad van vandaag

Wat ik aan mezelf kan verbeteren

Leuke dingen die ik heb meegemaakt

1. _____
2. _____
3. _____

M D W D V Z Z _____

Ik ben dankbaar voor...

1. _____
2. _____
3. _____

Zo ga ik van vandaag een geweldige dag maken

Positieve affirmatie

> *Je levensgeluk is afhankelijk van de kwaliteit van je gedachten*
> MARCUS AURELIUS

Mijn goede daad van vandaag

Wat ik aan mezelf kan verbeteren

Leuke dingen die ik heb meegemaakt

1. _____
2. _____
3. _____

M D W D V Z Z _____

Ik ben dankbaar voor...

1. _____
2. _____
3. _____

Zo ga ik van vandaag een geweldige dag maken

Positieve affirmatie

> *Als je iets wilt hebben dat je nooit hebt gehad, wees dan bereid iets te doen wat je nog nooit hebt gedaan.*
> THOMAS JEFFERSON

Mijn goede daad van vandaag

Wat ik aan mezelf kan verbeteren

Leuke dingen die ik heb meegemaakt

1. _____
2. _____
3. _____

M D W D V Z Z _____

Ik ben dankbaar voor...

1. _____
2. _____
3. _____

Zo ga ik van vandaag een geweldige dag maken

Positieve affirmatie

> *De pessimist ziet problemen in elke kans.*
> *De optimist ziet kansen in elk probleem.*
> WINSTON CHURCHILL

Mijn goede daad van vandaag

Wat ik aan mezelf kan verbeteren

Leuke dingen die ik heb meegemaakt

1. _____
2. _____
3. _____

M D W D V Z Z _____

Ik ben dankbaar voor...

1. _____
2. _____
3. _____

Zo ga ik van vandaag een geweldige dag maken

Positieve affirmatie

> *Als alles wat je probeert lukt, probeer je niet hard genoeg.*
> GORDON MOORE

Mijn goede daad van vandaag

Wat ik aan mezelf kan verbeteren

Leuke dingen die ik heb meegemaakt

1. _____
2. _____
3. _____

M D W D V Z Z _____

Ik ben dankbaar voor...

1. _____
2. _____
3. _____

Zo ga ik van vandaag een geweldige dag maken

Positieve affirmatie

> *Je hoeft niet geweldig te zijn om te beginnen, maar moet wel beginnen als je geweldig wilt zijn.*
> ZIG ZIGLAR

Mijn goede daad van vandaag

Wat ik aan mezelf kan verbeteren

Leuke dingen die ik heb meegemaakt

1. _____
2. _____
3. _____

WEEKVRAGEN

Aan welke twee mensen denk je het eerst bij het woord 'succesvol' en waarom? Wat betekent 'succes' voor jou?

Wat zijn jouw sterke punten? Wat gaat jou van nature beter af dan anderen? Hoe kun je je leven meer laten harmoniëren met je sterke punten en je vaardigheden?

Welk project heb je diep in je hart weggestopt dat meer tijd en aandacht verdient? Noem één ding dat je nu zou kunnen doen om het tot leven te brengen.

Noem twee dingen waar je op dit moment vaak aan denkt.

Stel dat je op een speeddate bent en je maar één ding over jezelf zou mogen vertellen. Wat zou dat dan zijn?

WEEKAANTEKENINGEN

M D W D V Z Z _____

Ik ben dankbaar voor...

1. _____
2. _____
3. _____

Zo ga ik van vandaag een geweldige dag maken

Positieve affirmatie

Je uitdaging van de week:
Ray Dalio, de oprichter van Bridgewater Associations, het grootste hedgefonds ter wereld, blijft benadrukken dat je moet weten wat je zwakke punten zijn als je aan je potentie wilt voldoen. Probeer deze week elke dag 10 minuten te bedenken hoe je van een zwak punt een sterk punt kunt maken of ga op zoek naar mensen, hulpmiddelen of manieren die je daarbij kunnen helpen.

Mijn goede daad van vandaag

Wat ik aan mezelf kan verbeteren

Leuke dingen die ik heb meegemaakt

1. _____
2. _____
3. _____

M D W D V Z Z _____

Ik ben dankbaar voor...

1.
2.
3.

Zo ga ik van vandaag een geweldige dag maken

Positieve affirmatie

> *Onze beperkingen bestaan alleen in onze hersenen.*
> FRANKLIN DELANO ROOSEVELT

Mijn goede daad van vandaag

Wat ik aan mezelf kan verbeteren

Leuke dingen die ik heb meegemaakt

1.
2.
3.

M D W D V Z Z _____

Ik ben dankbaar voor...

1. _____
2. _____
3. _____

Zo ga ik van vandaag een geweldige dag maken

Positieve affirmatie

> *Als je last hebt van iets buiten jezelf, is de pijn niet afkomstig van dat ding, maar van jouw mening erover; je hebt zelf de kracht om die op elk moment te beëindigen.*
> MARCUS AURELIUS

Mijn goede daad van vandaag

Wat ik aan mezelf kan verbeteren

Leuke dingen die ik heb meegemaakt

1. _____
2. _____
3. _____

M D W D V Z Z _____

Ik ben dankbaar voor...

1.
2.
3.

Zo ga ik van vandaag een geweldige dag maken

Positieve affirmatie

> *Een vriend is iemand die alles over je weet en toch nog van je houdt.*
> ELBERT HUBBARD

Mijn goede daad van vandaag

Wat ik aan mezelf kan verbeteren

Leuke dingen die ik heb meegemaakt

1.
2.
3.

M D W D V Z Z _____

Ik ben dankbaar voor...

1. _____
2. _____
3. _____

Zo ga ik van vandaag een geweldige dag maken

Positieve affirmatie

> **De wereld laat iedereen passeren die weet waar hij naartoe gaat**
> DAVID STARR JORDAN

Mijn goede daad van vandaag

Wat ik aan mezelf kan verbeteren

Leuke dingen die ik heb meegemaakt

1. _____
2. _____
3. _____

M D W D V Z Z _____

Ik ben dankbaar voor...

1. _____
2. _____
3. _____

Zo ga ik van vandaag een geweldige dag maken

Positieve affirmatie

> *Voed je geest met geweldige gedachten. Geloven in heldhaftige zaken maakt mensen tot helden.*
> BENJAMIN DISRAELI

Mijn goede daad van vandaag

Wat ik aan mezelf kan verbeteren

Leuke dingen die ik heb meegemaakt

1. _____
2. _____
3. _____

M D W D V Z Z _____

Ik ben dankbaar voor...

1. _____
2. _____
3. _____

Zo ga ik van vandaag een geweldige dag maken

Positieve affirmatie

> *Geluk is niet iets wat je uitstelt voor de toekomst; het is iets wat je bedenkt voor het heden.*
> JIM ROHN

Mijn goede daad van vandaag

Wat ik aan mezelf kan verbeteren

Leuke dingen die ik heb meegemaakt

1. _____
2. _____
3. _____

WEEKVRAGEN

Doe je ogen dicht en probeer te bedenken hoe je leven er over tien of twintig jaar uitziet en waar je dan bent. Het is heel interessant om over een paar jaar te lezen wat je hier nu opschrijft.

Over tien jaar:

Over twintig jaar:

Wie heeft je meer beïnvloed, je vader of je moeder?
Wat vind je het belangrijkst en het minst belangrijk aan hun invloed?

Hoeveel uur heb je vorig jaar gemiddeld per week gewerkt? Zou je liever minder werken of meer werk doen dat je leuk vindt? Waarom?

'Wow, ik ben helemaal vergeten te lunchen!' Bij welke activiteit vergat je te eten of naar de wc te gaan omdat je er zo in opging?

Wat is je grootste en meest diepgewortelde angst? Is die angst ooit uitgekomen?

WEEKAANTEKENINGEN

MAANDELIJKSE CONTROLE

Stemming:	1 2 3 4 5 6 7 8 9 10
Dankbaarheid:	1 2 3 4 5 6 7 8 9 10
Mindfulness:	1 2 3 4 5 6 7 8 9 10
Familie:	1 2 3 4 5 6 7 8 9 10
Vrienden:	1 2 3 4 5 6 7 8 9 10
Relatie:	1 2 3 4 5 6 7 8 9 10
Leuke dingen doen:	1 2 3 4 5 6 7 8 9 10
Kalmte en rust:	1 2 3 4 5 6 7 8 9 10
Tijd voor jezelf:	1 2 3 4 5 6 7 8 9 10
Gezond eten:	1 2 3 4 5 6 7 8 9 10
Water drinken:	1 2 3 4 5 6 7 8 9 10
Sporten en bewegen:	1 2 3 4 5 6 7 8 9 10
Naar buiten gaan:	1 2 3 4 5 6 7 8 9 10
Gezondheid:	1 2 3 4 5 6 7 8 9 10
Creativiteit:	1 2 3 4 5 6 7 8 9 10
Geldzaken:	1 2 3 4 5 6 7 8 9 10
Werk en opleiding:	1 2 3 4 5 6 7 8 9 10
Gedachten en gevoelens:	1 2 3 4 5 6 7 8 9 10
Het heden:	1 2 3 4 5 6 7 8 9 10
De toekomst:	1 2 3 4 5 6 7 8 9 10

GEWOONTETRACKER

1	2	3	4	5	6	7	8	9	10	11	12	13	14	15	16
17	18	19	20	21	22	23	24	25	26	27	28	29	30	31	

1	2	3	4	5	6	7	8	9	10	11	12	13	14	15	16
17	18	19	20	21	22	23	24	25	26	27	28	29	30	31	

1	2	3	4	5	6	7	8	9	10	11	12	13	14	15	16
17	18	19	20	21	22	23	24	25	26	27	28	29	30	31	

M D W D V Z Z _____

Ik ben dankbaar voor...

1. _____
2. _____
3. _____

Zo ga ik van vandaag een geweldige dag maken

Positieve affirmatie

Je uitdaging van de week:

Heb je wel eens een geweldig idee of een briljante ingeving die je vrijwel meteen weer kwijt bent? Jammer! Leg die 'gloeilampmomentjes' deze week vast in een notitieboekje of op je telefoon. Veel succesvolle mensen, zoals Bill Gates, Sheryl Sandberg, J.K. Rowling en Richard Branson, maken meteen een aantekening van hun gedachten en ideeën.

Mijn goede daad van vandaag

Wat ik aan mezelf kan verbeteren

Leuke dingen die ik heb meegemaakt

1. _____
2. _____
3. _____

M D W D V Z Z _____

Ik ben dankbaar voor...

1. _____
2. _____
3. _____

Zo ga ik van vandaag een geweldige dag maken

Positieve affirmatie

> *De hersenen zijn bedoeld om ideeën te krijgen, niet om ze vast te houden.*
> DAVID ALLEN

Mijn goede daad van vandaag

Wat ik aan mezelf kan verbeteren

Leuke dingen die ik heb meegemaakt

1. _____
2. _____
3. _____

M D W D V Z Z _____

Ik ben dankbaar voor...

1. _____
2. _____
3. _____

Zo ga ik van vandaag een geweldige dag maken

Positieve affirmatie

> *De vlinder telt niet in maanden maar in momenten, en heeft alle tijd van de wereld.*
> RABINDRANATH TAGORE

Mijn goede daad van vandaag

Wat ik aan mezelf kan verbeteren

Leuke dingen die ik heb meegemaakt

1. _____
2. _____
3. _____

M D W D V Z Z _____

Ik ben dankbaar voor...

1. _____
2. _____
3. _____

Zo ga ik van vandaag een geweldige dag maken

Positieve affirmatie

> *Het gaat om de indruk die je achterlaat, niet om het inkomen.*
> **KEVIN KRUSE**

Mijn goede daad van vandaag

Wat ik aan mezelf kan verbeteren

Leuke dingen die ik heb meegemaakt

1. _____
2. _____
3. _____

M D W D V Z Z _____

Ik ben dankbaar voor...

1. _____
2. _____
3. _____

Zo ga ik van vandaag een geweldige dag maken

Positieve affirmatie

> *Veel mislukkingen in het leven zijn van mensen die niet beseften dat ze vlak bij het succes waren toen ze het opgaven.*
> THOMAS A. EDISON

Mijn goede daad van vandaag

Wat ik aan mezelf kan verbeteren

Leuke dingen die ik heb meegemaakt

1. _____
2. _____
3. _____

M D W D V Z Z _____

Ik ben dankbaar voor…

1. _____
2. _____
3. _____

Zo ga ik van vandaag een geweldige dag maken

Positieve affirmatie

> *Niemand weet wat hij kan tot hij het probeert.*
> POBILIUS SYRUS

Mijn goede daad van vandaag

Wat ik aan mezelf kan verbeteren

Leuke dingen die ik heb meegemaakt

1. _____
2. _____
3. _____

M D W D V Z Z _____

Ik ben dankbaar voor...

1. _____
2. _____
3. _____

Zo ga ik van vandaag een geweldige dag maken

Positieve affirmatie

> *Je kunt je ogen sluiten voor de dingen die je niet wilt zien, maar je hart niet sluiten voor de dingen die je niet wilt voelen.*
> JOHNNY DEPP

Mijn goede daad van vandaag

Wat ik aan mezelf kan verbeteren

Leuke dingen die ik heb meegemaakt

1. _____
2. _____
3. _____

WEEKVRAGEN

Ben je verliefd? Zo niet, wanneer was je dat dan voor het laatst? Wat betekent verliefd zijn voor je en hoe voel je je als je verliefd bent?

_____
_____
_____
_____

Wat was de grootste uitdaging waar je het afgelopen jaar voor hebt gestaan? Hoe heb je die uitdaging overwonnen?

_____
_____
_____
_____

Is er iets wat je graag zou nalaten?
Is er een probleem waar je graag vanaf zou willen?

_____
_____
_____
_____

Wat wil je doorgeven aan het nageslacht?
Wat moeten anderen zich van jou herinneren als je er niet meer bent?
Als je dat aan het einde belangrijk vindt, hoe belangrijk vind je het nu dan?

_____
_____
_____

Stel dat je vandaag een brief van jezelf zou krijgen, tien jaar uit de toekomst. Welk advies zou je oudere zelf geven voor de toekomst?

_____
_____
_____

WEEKAANTEKENINGEN

M D W D V Z Z _____

Ik ben dankbaar voor...

1.
2.
3.

Zo ga ik van vandaag een geweldige dag maken

Positieve affirmatie

Je uitdaging van de week:
Onderbreek je anderen soms omdat je vindt dat je iets belangrijks te zeggen hebt? Probeer deze week met meer aandacht te communiceren. Luister nieuwsgierig en zonder te oordelen. Laat anderen uitpraten, adem rustig in en uit en begin dan pas met praten. Kijk hoe je gesprekken veranderen door deze techniek en trek daar je eigen conclusies uit.

Mijn goede daad van vandaag

Wat ik aan mezelf kan verbeteren

Leuke dingen die ik heb meegemaakt

1.
2.
3.

M D W D V Z Z _____

Ik ben dankbaar voor...

1. _____
2. _____
3. _____

Zo ga ik van vandaag een geweldige dag maken

Positieve affirmatie

> *We hebben twee oren en één mond,*
> *dus moeten we meer luisteren dan zeggen.*
> ZENO VAN CITIUM

Mijn goede daad van vandaag

Wat ik aan mezelf kan verbeteren

Leuke dingen die ik heb meegemaakt

1. _____
2. _____
3. _____

M D W D V Z Z _____

Ik ben dankbaar voor...

1. _____
2. _____
3. _____

Zo ga ik van vandaag een geweldige dag maken

Positieve affirmatie

> *Ervaring is de leermeester van alle dingen.*
> JULIUS CAESAR

Mijn goede daad van vandaag

Wat ik aan mezelf kan verbeteren

Leuke dingen die ik heb meegemaakt

1. _____
2. _____
3. _____

66 dagen

... Het 6 minuten dagboek is nu onderdeel van je leven.

> *Waar weinig gelachen wordt,*
> *is weinig succes.*
> ANDREW CARNEGIE

Je brengt het echt in de praktijk! Als je dit leest, behoor je tot een select groepje doeners: de actiemannen en -vrouwen. Daar mag je best trots op zijn! Geniet van deze mijlpaal en trakteer jezelf op iets leuks! Blader door de bladzijden die je al hebt ingevuld en geniet van het uitzicht: de herinneringen, de gevoelens en alles wat je tot nu toe hebt bereikt.

Zes en zes: je hebt het *6 minuten dagboek* nu 66 dagen gebruikt, dus mag je best even op je lauweren rusten. Zoals je in het hoofdstuk met de basisprincipes hebt gelezen, raken nieuwe gewoonten na 66 dagen ingesleten in je leven. Het *6 minuten dagboek* is nu dus onderdeel van je leven.

Goed, de gewenningsperiode is misschien niet voor elke gewoonte en ieder mens hetzelfde, maar het gaat erom dat je op de goede weg bent!

> *Geluk is het enige ding wat*
> *vermeerdert als je het deelt.*
> ALBERT SCHWEITZER

Als je je geluk wilt vermeerderen, deel het dan met ons. :)

Maak een leuke foto van het juweeltje in je hand en tag ons op Instagram:

@createurbestself + #6minutediary of #6minutendagboek

> *Gewoonte is, als het ware, een tweede natuur.*
>
> MARCUS TULLIUS CICERO

M D W D V Z Z _____

Ik ben dankbaar voor...

1. _____
2. _____
3. _____

Zo ga ik van vandaag een geweldige dag maken

Positieve affirmatie

> *Niet iedereen is in staat tot grootse dingen. Maar we kunnen allemaal kleine dingen doen met veel liefde.*
> MOTHER TERESA

Mijn goede daad van vandaag

Wat ik aan mezelf kan verbeteren

Leuke dingen die ik heb meegemaakt

1. _____
2. _____
3. _____

M D W D V Z Z _____

Ik ben dankbaar voor...

1. _____
2. _____
3. _____

Zo ga ik van vandaag een geweldige dag maken

Positieve affirmatie

> *De ware betekenis van het leven is bomen planten, onder wier schaduw je niet verwacht te zitten.*
> NELSON HENDERSON

Mijn goede daad van vandaag

Wat ik aan mezelf kan verbeteren

Leuke dingen die ik heb meegemaakt

1. _____
2. _____
3. _____

M D W D V Z Z _____

Ik ben dankbaar voor...

1. _____
2. _____
3. _____

Zo ga ik van vandaag een geweldige dag maken

Positieve affirmatie

> *Niets wat leidt tot vooruitgang wordt bereikt met unanieme instemming.*
> CHRISTOPHER COLUMBUS

Mijn goede daad van vandaag

Wat ik aan mezelf kan verbeteren

Leuke dingen die ik heb meegemaakt

1. _____
2. _____
3. _____

M D W D V Z Z _____

Ik ben dankbaar voor...

1. _____
2. _____
3. _____

Zo ga ik van vandaag een geweldige dag maken

Positieve affirmatie

> *Als je het eng vindt, moet je het misschien juist proberen.*
> SETH GODIN

Mijn goede daad van vandaag

Wat ik aan mezelf kan verbeteren

Leuke dingen die ik heb meegemaakt

1. _____
2. _____
3. _____

WEEKVRAGEN

Wat is je doel in het leven? Waarom doet jouw bestaan ertoe?

_____
_____
_____
_____
_____
_____
_____

Welke drie dingen doe je het liefst met je partner als je een relatie hebt?

_____
_____
_____
_____
_____
_____
_____

Welk aspect van je leven zou je willen veranderen? Probeer nu ten minste één reden te bedenken waarom je dankbaar bent voor precies dat aspect.

_____
_____
_____
_____

Welke van jouw karaktereigenschappen waarderen je ouders en/of grootouders het meest?

_____
_____
_____

Als je een bedelaar zou zijn, wat zou je dan op je bedelbriefje zetten?

_____
_____
_____

WEEKAANTEKENINGEN

M D W D V Z Z _____

Ik ben dankbaar voor...

1. _____
2. _____
3. _____

Zo ga ik van vandaag een geweldige dag maken

Positieve affirmatie

Je uitdaging van de week:
Per dag oordelen we ongeveer 35.000 keer.[60] Of het nu gaat om wat we eten of lezen, of om de mensen die we ontmoeten, we plakken een label op alles en iedereen.[61] Je mag dan nog zo onbewust oordelen, probeer het toch wat bewuster te doen. Probeer deze week eens niet alles en iedereen te beoordelen. Verruim je geest door mensen en dingen in hun waarde te laten.

Mijn goede daad van vandaag

Wat ik aan mezelf kan verbeteren

Leuke dingen die ik heb meegemaakt

1. _____
2. _____
3. _____

M D W D V Z Z _____

Ik ben dankbaar voor...

1.
2.
3.

Zo ga ik van vandaag een geweldige dag maken

Positieve affirmatie

> *Wie oordeelt, weerhoudt zichzelf ervan een nieuwe waarheid te begrijpen. Bevrijd jezelf van de regels van oude oordelen en maak ruimte voor nieuw begrip.*
> STEVE MARABOLI

Mijn goede daad van vandaag

Wat ik aan mezelf kan verbeteren

Leuke dingen die ik heb meegemaakt

1.
2.
3.

M D W D V Z Z _____

Ik ben dankbaar voor...

1. _____
2. _____
3. _____

Zo ga ik van vandaag een geweldige dag maken

Positieve affirmatie

> *Niet krijgen wat je wilt kan soms een enorme meevaller zijn.*
> DALAI LAMA

Mijn goede daad van vandaag

Wat ik aan mezelf kan verbeteren

Leuke dingen die ik heb meegemaakt

1. _____
2. _____
3. _____

M D W D V Z Z _____

Ik ben dankbaar voor...

1. _____
2. _____
3. _____

Zo ga ik van vandaag een geweldige dag maken

Positieve affirmatie

> *Mijn fouten zijn allemaal inschattingsfouten geweest, geen verkeerde bedoelingen.*
> ULYSSES S. GRANT

Mijn goede daad van vandaag

Wat ik aan mezelf kan verbeteren

Leuke dingen die ik heb meegemaakt

1. _____
2. _____
3. _____

M D W D V Z Z _____

Ik ben dankbaar voor...

1. _____
2. _____
3. _____

Zo ga ik van vandaag een geweldige dag maken

Positieve affirmatie

> *Vriendelijkheid in woorden leidt tot vertrouwen. Vriendelijkheid in gedachten leidt tot diepgang. Vriendelijkheid in geven leidt tot liefde.*
> LAO TZU

Mijn goede daad van vandaag

Wat ik aan mezelf kan verbeteren

Leuke dingen die ik heb meegemaakt

1. _____
2. _____
3. _____

M D W D V Z Z _____

Ik ben dankbaar voor...

1. _____
2. _____
3. _____

Zo ga ik van vandaag een geweldige dag maken

Positieve affirmatie

> *Voor alles wat je hebt gemist, win je iets anders.*
> RALPH WALDO EMERSON

Mijn goede daad van vandaag

Wat ik aan mezelf kan verbeteren

Leuke dingen die ik heb meegemaakt

1. _____
2. _____
3. _____

M D W D V Z Z _____

Ik ben dankbaar voor...

1. _____
2. _____
3. _____

Zo ga ik van vandaag een geweldige dag maken

Positieve affirmatie

> *Meet de dag niet af aan wat je oogst, maar aan de zaden die je hebt geplant.*
> ROBERT LOUIS STEVENSON

Mijn goede daad van vandaag

Wat ik aan mezelf kan verbeteren

Leuke dingen die ik heb meegemaakt

1. _____
2. _____
3. _____

WEEKVRAGEN

Welke langgekoesterde droom heb je tot nu toe laten uitkomen? Welke droom wil je in de komende vijf tot tien jaar beslist laten uitkomen? Aan het bereiken van welke mijlpaal kun je vandaag al beginnen?

Hoe ga je in tegen het genadeloze tempo van onze maatschappij?
Wat doe je elke dag om te ontspannen en te relaxen?

Waar voel je je het meest thuis en waarom is die plek zo bijzonder voor je?

Als je een toespraak moest houden voor 200.000 mensen, over welk onderwerp zou je dan willen spreken?

Wat is het meest hypnotiserende dat je ooit hebt gezien?

WEEKAANTEKENINGEN

M D W D V Z Z _____

Ik ben dankbaar voor...

1. _____
2. _____
3. _____

Zo ga ik van vandaag een geweldige dag maken

_____
_____
_____
_____
_____

Positieve affirmatie

_____
_____

> ### *Je uitdaging van de week:*
> Uit onderzoek blijkt: hoe meer je kunt ontspannen, hoe beter je je kunt concentreren en hoe productiever je bent.[62] Je moet dus niet alleen een lijstje maken met dingen die je wilt doen, maar er ook actief voor zorgen dat je ontspant met een niets-doen-lijstje. Plan deze week een aantal vaste momenten in voor ontspanning en ga daar net zo serieus mee om als met elke andere afspraak.

Mijn goede daad van vandaag

_____
_____

Wat ik aan mezelf kan verbeteren

_____
_____

Leuke dingen die ik heb meegemaakt

1. _____
2. _____
3. _____

M D W D V Z Z _____

Ik ben dankbaar voor...

1. _____
2. _____
3. _____

Zo ga ik van vandaag een geweldige dag maken

Positieve affirmatie

> *Je vermogen om kracht op te wekken is recht evenredig aan je vermogen om te ontspannen*
> DAVID ALLEN

Mijn goede daad van vandaag

Wat ik aan mezelf kan verbeteren

Leuke dingen die ik heb meegemaakt

1. _____
2. _____
3. _____

M D W D V Z Z _____

Ik ben dankbaar voor...

1. _____
2. _____
3. _____

Zo ga ik van vandaag een geweldige dag maken

Positieve affirmatie

> *Wees niet bang voor langzame groei;*
> *wees alleen bang voor stilstand.*
> CHINEES SPREEKWOORD

Mijn goede daad van vandaag

Wat ik aan mezelf kan verbeteren

Leuke dingen die ik heb meegemaakt

1. _____
2. _____
3. _____

M D W D V Z Z _____

Ik ben dankbaar voor...

1. _____
2. _____
3. _____

Zo ga ik van vandaag een geweldige dag maken

Positieve affirmatie

> *Dans alsof niemand toekijkt. Bemin alsof je nooit bent gekwetst. Zing alsof niemand meeluistert. Leef als in de hemel op aarde.*
> MARK TWAIN

Mijn goede daad van vandaag

Wat ik aan mezelf kan verbeteren

Leuke dingen die ik heb meegemaakt

1. _____
2. _____
3. _____

M D W D V Z Z _____

Ik ben dankbaar voor...

1. _____
2. _____
3. _____

Zo ga ik van vandaag een geweldige dag maken

Positieve affirmatie

> *Niets ter wereld is zo onweerstaanbaar aanstekelijk als lachen en opgewektheid.*
> CHARLES DICKENS

Mijn goede daad van vandaag

Wat ik aan mezelf kan verbeteren

Leuke dingen die ik heb meegemaakt

1. _____
2. _____
3. _____

M D W D V Z Z _____

Ik ben dankbaar voor...

1. _____
2. _____
3. _____

Zo ga ik van vandaag een geweldige dag maken

Positieve affirmatie

> *Je bereikt het toppunt van geluk als je er klaar voor bent te zijn wie je bent.*
> — DESIDERIUS ERASMUS

Mijn goede daad van vandaag

Wat ik aan mezelf kan verbeteren

Leuke dingen die ik heb meegemaakt

1. _____
2. _____
3. _____

M D W D V Z Z _____

Ik ben dankbaar voor...

1. _____
2. _____
3. _____

Zo ga ik van vandaag een geweldige dag maken

Positieve affirmatie

> *Wat je achterlaat, staat niet in stenen monumenten gebeiteld, maar is verweven in de levens van anderen.*
> PERIKLES

Mijn goede daad van vandaag

Wat ik aan mezelf kan verbeteren

Leuke dingen die ik heb meegemaakt

1. _____
2. _____
3. _____

WEEKVRAGEN

Hoe zou je beste vriend/vriendin/partner jou in één zin omschrijven? Vraag diegene nu om een omschrijving van jezelf en vergelijk jouw inschatting met wat ze werkelijk hebben gezegd.

Wat jij dacht:

Wat zij zeiden:

Wat vind je het leukst aan je woonplaats?

Als je uit elk bedrijf op de wereld zou mogen kiezen, waar zou je dan het liefst werken en waarom?

Is er iets waar jij in gelooft dat anderen belachelijk vinden? Is er iets wat jij voor waar houdt, terwijl veel anderen dat niet vinden?

Wanneer heb je voor het laatst een paar dagen of een dag zonder internet gezeten? Hoe was dat?

WEEKAANTEKENINGEN

MAANDELIJKSE CONTROLE

Stemming:	1	2	3	4	5	6	7	8	9	10
Dankbaarheid:	1	2	3	4	5	6	7	8	9	10
Mindfulness:	1	2	3	4	5	6	7	8	9	10
Familie:	1	2	3	4	5	6	7	8	9	10
Vrienden:	1	2	3	4	5	6	7	8	9	10
Relatie:	1	2	3	4	5	6	7	8	9	10
Leuke dingen doen:	1	2	3	4	5	6	7	8	9	10
Kalmte en rust:	1	2	3	4	5	6	7	8	9	10
Tijd voor jezelf:	1	2	3	4	5	6	7	8	9	10
Gezond eten:	1	2	3	4	5	6	7	8	9	10
Water drinken:	1	2	3	4	5	6	7	8	9	10
Sporten en bewegen:	1	2	3	4	5	6	7	8	9	10
Naar buiten gaan:	1	2	3	4	5	6	7	8	9	10
Gezondheid:	1	2	3	4	5	6	7	8	9	10
Creativiteit:	1	2	3	4	5	6	7	8	9	10
Geldzaken:	1	2	3	4	5	6	7	8	9	10
Werk en opleiding:	1	2	3	4	5	6	7	8	9	10
Gedachten en gevoelens:	1	2	3	4	5	6	7	8	9	10
Het heden:	1	2	3	4	5	6	7	8	9	10
De toekomst:	1	2	3	4	5	6	7	8	9	10

GEWOONTETRACKER

1	2	3	4	5	6	7	8	9	10	11	12	13	14	15	16
17	18	19	20	21	22	23	24	25	26	27	28	29	30	31	

1	2	3	4	5	6	7	8	9	10	11	12	13	14	15	16
17	18	19	20	21	22	23	24	25	26	27	28	29	30	31	

1	2	3	4	5	6	7	8	9	10	11	12	13	14	15	16
17	18	19	20	21	22	23	24	25	26	27	28	29	30	31	

M D W D V Z Z _____

Ik ben dankbaar voor...

1. _____
2. _____
3. _____

Zo ga ik van vandaag een geweldige dag maken

_____
_____
_____
_____
_____

Positieve affirmatie

_____
_____

Je uitdaging van de week:

Trakteer jezelf deze week op de analoge versies van het internet. Webshops = ga de stad in. Facebook = vertel een vriend(in) dat je hem/haar aardig vindt. Google = ga naar de bibliotheek. Snapchat = trek gezichten in de spiegel. Instagram = ga uit eten of sporten. Kijk welk gevoel je dat geeft en trek daar je eigen conclusies uit.

Mijn goede daad van vandaag

_____
_____

Wat ik aan mezelf kan verbeteren

_____
_____

Leuke dingen die ik heb meegemaakt

1. _____
2. _____
3. _____

M D W D V Z Z _____

Ik ben dankbaar voor...

1. _____
2. _____
3. _____

Zo ga ik van vandaag een geweldige dag maken

Positieve affirmatie

> *We zijn tegenwoordig 24 uur per dag online. We zijn allemaal onderdeel van een grote machine, of we ons daar nu bewust van zijn of niet. Als we ons niet van die machine kunnen loskoppelen, verliezen we uiteindelijk allemaal ons verstand.*
> — ALAN LIGHTMAN

Mijn goede daad van vandaag

Wat ik aan mezelf kan verbeteren

Leuke dingen die ik heb meegemaakt

1. _____
2. _____
3. _____

M D W D V Z Z _____

Ik ben dankbaar voor...

1. _____
2. _____
3. _____

Zo ga ik van vandaag een geweldige dag maken

_____
_____
_____
_____
_____

Positieve affirmatie

_____
_____

> *Jezelf vinden is niet het belangrijkste in het leven.*
> *Het gaat erom dat je iets van jezelf maakt.*
> GEORGE BERNARD SHAW

Mijn goede daad van vandaag

_____
_____

Wat ik aan mezelf kan verbeteren

_____
_____

Leuke dingen die ik heb meegemaakt

1. _____
2. _____
3. _____

M D W D V Z Z _____

Ik ben dankbaar voor...

1. _____
2. _____
3. _____

Zo ga ik van vandaag een geweldige dag maken

Positieve affirmatie

> *Waardering en aanmoedigingen halen het beste uit een mens.*
> CHARLES SCHWAB

Mijn goede daad van vandaag

Wat ik aan mezelf kan verbeteren

Leuke dingen die ik heb meegemaakt

1. _____
2. _____
3. _____

M D W D V Z Z _____

Ik ben dankbaar voor...

1. _____
2. _____
3. _____

Zo ga ik van vandaag een geweldige dag maken

Positieve affirmatie

> *Zwakke mensen kunnen niet vergeven.*
> *Vergevingsgezindheid is een kenmerk van een sterke geest.*
> MAHATMA GANDHI

Mijn goede daad van vandaag

Wat ik aan mezelf kan verbeteren

Leuke dingen die ik heb meegemaakt

1. _____
2. _____
3. _____

M D W D V Z Z _____

Ik ben dankbaar voor...

1. _____
2. _____
3. _____

Zo ga ik van vandaag een geweldige dag maken

Positieve affirmatie

> *Hij die een waarom heeft om te leven, kan vrijwel elk hoe verdragen.*
> FRIEDRICH NIETZSCHE

Mijn goede daad van vandaag

Wat ik aan mezelf kan verbeteren

Leuke dingen die ik heb meegemaakt

1. _____
2. _____
3. _____

M D W D V Z Z _____

Ik ben dankbaar voor...

1. _____
2. _____
3. _____

Zo ga ik van vandaag een geweldige dag maken

Positieve affirmatie

> *Uiteindelijk draait het niet om de jaren in je leven, maar om het leven in je jaren.*
> ABRAHAM LINCOLN

Mijn goede daad van vandaag

Wat ik aan mezelf kan verbeteren

Leuke dingen die ik heb meegemaakt

1. _____
2. _____
3. _____

WEEKVRAGEN

Wat zijn de vijf redenen waarom het leven de moeite waard is?

_____
_____
_____
_____
_____
_____
_____

Hoe zeg je nee tegen afleiding, uitnodigingen en andere activiteiten die niet bij je prioriteiten passen? Hoe kun je die dingen in de toekomst beter afwijzen?

_____
_____
_____
_____
_____

In welk opzicht verschil je van de mensen om je heen?
Wat vind je van die verschillen?

_____
_____
_____
_____

Wat waren de afgelopen jaren de belangrijkste doelen in je leven? Waren dat echt jouw doelen of alleen de doelen die je dacht dat je moest hebben?

_____
_____
_____
_____

En dan seks. Wanneer had je de beste seks van je leven?
Waarom was het zo lekker?

_____
_____
_____

WEEKAANTEKENINGEN

M D W D V Z Z _____

Ik ben dankbaar voor...

1. _____
2. _____
3. _____

Zo ga ik van vandaag een geweldige dag maken

Positieve affirmatie

Je uitdaging van de week:

In een wereld waarin tijd beperkt is en de keuzemogelijkheden eindeloos zijn, is nee leren zeggen in feite niets anders dan ja zeggen tegen je eigen prioriteiten en behoeften. Wijzig deze week je manier van spreken en wees eerlijk tegen jezelf en anderen over wat jij het belangrijkst vindt. Zeg niet dat je het te druk hebt of er geen tijd voor hebt, maar: 'Dit heeft nu niet mijn prioriteit.'

Mijn goede daad van vandaag

Wat ik aan mezelf kan verbeteren

Leuke dingen die ik heb meegemaakt

1. _____
2. _____
3. _____

M D W D V Z Z _____

Ik ben dankbaar voor...

1. _____
2. _____
3. _____

Zo ga ik van vandaag een geweldige dag maken

Positieve affirmatie

> *De helft van de problemen in dit leven is te wijten aan te snel ja zeggen en niet gauw genoeg nee zeggen.*
> JOSH BILLINGS

Mijn goede daad van vandaag

Wat ik aan mezelf kan verbeteren

Leuke dingen die ik heb meegemaakt

1. _____
2. _____
3. _____

M D W D V Z Z _____

Ik ben dankbaar voor...

1. _____
2. _____
3. _____

Zo ga ik van vandaag een geweldige dag maken

Positieve affirmatie

> *Weet hoe je moet luisteren en zelfs slechte sprekers zullen je tot voordeel zijn.*
> PLUTARCHUS

Mijn goede daad van vandaag

Wat ik aan mezelf kan verbeteren

Leuke dingen die ik heb meegemaakt

1. _____
2. _____
3. _____

M D W D V Z Z _____

Ik ben dankbaar voor...

1. _____
2. _____
3. _____

Zo ga ik van vandaag een geweldige dag maken

Positieve affirmatie

> *Niemand stapt ooit twee keer in dezelfde rivier. Het is namelijk niet dezelfde rivier en diegene is niet dezelfde mens die hij eerst was.*
> HERACLITUS

Mijn goede daad van vandaag

Wat ik aan mezelf kan verbeteren

Leuke dingen die ik heb meegemaakt

1. _____
2. _____
3. _____

M D W D V Z Z _____

Ik ben dankbaar voor...

1. _____
2. _____
3. _____

Zo ga ik van vandaag een geweldige dag maken

Positieve affirmatie

> *Een liefdevol hart is de oprechtste vorm van wijsheid.*
> CHARLES DICKENS

Mijn goede daad van vandaag

Wat ik aan mezelf kan verbeteren

Leuke dingen die ik heb meegemaakt

1. _____
2. _____
3. _____

M D W D V Z Z _____

Ik ben dankbaar voor…

1. _____
2. _____
3. _____

Zo ga ik van vandaag een geweldige dag maken

Positieve affirmatie

> *Hoop is de enige bij die honing kan maken zonder bloemen.*
> ROBERT GREEN INGERSOLL

Mijn goede daad van vandaag

Wat ik aan mezelf kan verbeteren

Leuke dingen die ik heb meegemaakt

1. _____
2. _____
3. _____

M D W D V Z Z _____

Ik ben dankbaar voor...

1. _____
2. _____
3. _____

Zo ga ik van vandaag een geweldige dag maken

Positieve affirmatie

> *Voor elke minuut woede verlies je zestig seconden geluk.*
> RALPH WALDO EMERSON

Mijn goede daad van vandaag

Wat ik aan mezelf kan verbeteren

Leuke dingen die ik heb meegemaakt

1. _____
2. _____
3. _____

WEEKVRAGEN

Wat is voor jou een reden om op te staan? Waar haal je de meeste energie uit? Kun je meer van die energie in je leven verwerken?

Wat zijn jouw kernwaarden?
Houd je je in je dagelijks leven aan die kernwaarden?

Kun je de mensen die je hebben gekwetst vergeven, geen rancune voelen en verdergaan met je leven? Wanneer heb je dat voor het laatst gedaan?

Wat is volgens jou het grootste onrecht en waarom?
Doe je er iets aan om dat onrecht te bestrijden?

Voor wie zou je het hoogste losgeld betalen?
Wie zou het hoogste losgeld voor jou betalen?

WEEKAANTEKENINGEN

M D W D V Z Z _____

Ik ben dankbaar voor...

1. _____
2. _____
3. _____

Zo ga ik van vandaag een geweldige dag maken

_____
_____
_____
_____
_____

Positieve affirmatie

_____
_____

> ### *Je uitdaging van de week*:
> Vergeven en vergeten is moeilijk maar kan ook heel bevrijdend werken. Er valt een last van je schouders en dat maakt ruimte vrij voor nieuwe dingen in je leven. Meer dan 2500 jaar geleden omschreef Boeddha het loslaten al als de 'sleutel naar geluk'. Probeer deze week iemand los te laten en te vergeven. Draai de sleutel om in het slot en laat je opgekropte emoties achter aan de andere kant van de deur.

Mijn goede daad van vandaag

_____
_____

Wat ik aan mezelf kan verbeteren

_____
_____

Leuke dingen die ik heb meegemaakt

1. _____
2. _____
3. _____

M D W D V Z Z _____

Ik ben dankbaar voor...

1. _____
2. _____
3. _____

Zo ga ik van vandaag een geweldige dag maken

Positieve affirmatie

> *Als je je geest verbetert, valt de rest vanzelf op zijn plaats.*
> LAO TZU

Mijn goede daad van vandaag

Wat ik aan mezelf kan verbeteren

Leuke dingen die ik heb meegemaakt

1. _____
2. _____
3. _____

M D W D V Z Z _____

Ik ben dankbaar voor...

1.
2.
3.

Zo ga ik van vandaag een geweldige dag maken

Positieve affirmatie

> *Lach wanneer je kunt,*
> *het is een goedkoop medicijn.*
> LORD BYRON

Mijn goede daad van vandaag

Wat ik aan mezelf kan verbeteren

Leuke dingen die ik heb meegemaakt

1.
2.
3.

M D W D V Z Z _____

Ik ben dankbaar voor...

1. _____
2. _____
3. _____

Zo ga ik van vandaag een geweldige dag maken

Positieve affirmatie

> *Iedereen is een genie. Maar als je een vis beoordeelt op zijn klimkunsten, zal hij zijn hele leven denken dat hij niets waard is.*
> ALBERT EINSTEIN

Mijn goede daad van vandaag

Wat ik aan mezelf kan verbeteren

Leuke dingen die ik heb meegemaakt

1. _____
2. _____
3. _____

M D W D V Z Z _____

Ik ben dankbaar voor...

1. _____
2. _____
3. _____

Zo ga ik van vandaag een geweldige dag maken

Positieve affirmatie

> *Geluk zoeken in materiële zaken is een garantie voor een ongelukkig leven.*
> PAUS FRANCISCUS

Mijn goede daad van vandaag

Wat ik aan mezelf kan verbeteren

Leuke dingen die ik heb meegemaakt

1. _____
2. _____
3. _____

M D W D V Z Z _____

Ik ben dankbaar voor...

1. _____
2. _____
3. _____

Zo ga ik van vandaag een geweldige dag maken

Positieve affirmatie

> *Het is niet dat we dingen niet durven omdat ze moeilijk zijn; ze zijn moeilijk omdat we ze niet durven.*
> LUCIUS ANNAEUS SENECA

Mijn goede daad van vandaag

Wat ik aan mezelf kan verbeteren

Leuke dingen die ik heb meegemaakt

1. _____
2. _____
3. _____

M D W D V Z Z _____

Ik ben dankbaar voor...

1. _____
2. _____
3. _____

Zo ga ik van vandaag een geweldige dag maken

Positieve affirmatie

> *Houd van het leven dat je leeft.*
> *Leef het leven waar je van houdt.*
> BOB MARLEY

Mijn goede daad van vandaag

Wat ik aan mezelf kan verbeteren

Leuke dingen die ik heb meegemaakt

1. _____
2. _____
3. _____

WEEKVRAGEN

Wat was je laatste grote fout en wat was je favoriete fout ooit? Wat heb je van je fouten geleerd?

_____
_____
_____
_____
_____

Als je één dag uit je leven op precies dezelfde manier kon overdoen, welke dag zou dat dan zijn? Wat was er zo bijzonder aan die dag?

_____
_____
_____
_____
_____

Tijd voor een ander perspectief: moet je nog ergens een knoop over doorhakken, maar lukt het niet omdat je twijfelt? Er is vast wel iemand met wie je het niet vaak eens ben maar wiens mening je wel belangrijk vindt. Wat zou diegene zeggen over je dilemma?

_____
_____
_____
_____
_____

Wat blijft er over als je al je bezittingen en relaties zou moeten opgeven?

_____
_____
_____
_____

Wat zou je liever zijn: ongelofelijk aantrekkelijk, buitengewoon geniaal, een wereldberoemd acteur of een miljardair-filantroop? Waarom?

_____
_____

WEEKAANTEKENINGEN

M D W D V Z Z _____

Ik ben dankbaar voor...

1. _____
2. _____
3. _____

Zo ga ik van vandaag een geweldige dag maken

Positieve affirmatie

Je uitdaging van de week:

Als er deze week iets tegenzit, kun je teruggrijpen op een hulpmiddel dat je altijd bij je hebt: je ademhaling. Adem langzaam en bewust in door je neus en adem vervolgens nog langzamer weer uit door je mond. Identificeer je emoties, zonder dat je je ermee vereenzelvigt. Dat klinkt nogal zweverig, maar het gaat erom dat het werkt. Bovendien kalmeert het je vrijwel meteen.

Mijn goede daad van vandaag

Wat ik aan mezelf kan verbeteren

Leuke dingen die ik heb meegemaakt

1. _____
2. _____
3. _____

M D W D V Z Z _____

Ik ben dankbaar voor...

1. _____
2. _____
3. _____

Zo ga ik van vandaag een geweldige dag maken

Positieve affirmatie

> *Als je ademhaling van jou is, kan niemand je je innerlijke vrede afnemen.*
> ONBEKEND

Mijn goede daad van vandaag

Wat ik aan mezelf kan verbeteren

Leuke dingen die ik heb meegemaakt

1. _____
2. _____
3. _____

M D W D V Z Z _____

Ik ben dankbaar voor...

1. _____
2. _____
3. _____

Zo ga ik van vandaag een geweldige dag maken

Positieve affirmatie

> *Sommige mensen mopperen omdat rozen doorns hebben; ik ben dankbaar dat doorns rozen hebben.*
> ALPHONSE KARR

Mijn goede daad van vandaag

Wat ik aan mezelf kan verbeteren

Leuke dingen die ik heb meegemaakt

1. _____
2. _____
3. _____

M D W D V Z Z _____

Ik ben dankbaar voor...

1. _____
2. _____
3. _____

Zo ga ik van vandaag een geweldige dag maken

Positieve affirmatie

> *Het is belangrijk dat je van het leven een droom maakt en van een droom werkelijkheid.*
> — MARIE CURIE

Mijn goede daad van vandaag

Wat ik aan mezelf kan verbeteren

Leuke dingen die ik heb meegemaakt

1. _____
2. _____
3. _____

M D W D V Z Z _____

Ik ben dankbaar voor...

1. _____
2. _____
3. _____

Zo ga ik van vandaag een geweldige dag maken

Positieve affirmatie

> *Je kunt beter zwijgen, je kunt beter niet denken als je niet bereid bent te handelen.*
> ANNIE BESANT

Mijn goede daad van vandaag

Wat ik aan mezelf kan verbeteren

Leuke dingen die ik heb meegemaakt

1. _____
2. _____
3. _____

M D W D V Z Z _____

Ik ben dankbaar voor...

1. _____
2. _____
3. _____

Zo ga ik van vandaag een geweldige dag maken

_____
_____
_____
_____
_____

Positieve affirmatie

_____
_____

> *Als je doet wat je altijd hebt gedaan, krijg je wat je altijd hebt gekregen.*
> — TONY ROBBINS

Mijn goede daad van vandaag

_____
_____

Wat ik aan mezelf kan verbeteren

_____
_____

Leuke dingen die ik heb meegemaakt

1. _____
2. _____
3. _____

M D W D V Z Z _____

Ik ben dankbaar voor...

1. _____
2. _____
3. _____

Zo ga ik van vandaag een geweldige dag maken

Positieve affirmatie

> *Mijn beste vriend is degene die het beste in mij naar boven haalt.*
> HENRY FORD

Mijn goede daad van vandaag

Wat ik aan mezelf kan verbeteren

Leuke dingen die ik heb meegemaakt

1. _____
2. _____
3. _____

WEEKVRAGEN

We vervullen allemaal een bepaalde rol in ons leven (zoon, collega, moeder, huurder, beste vriendin, trooster...). Welke rollen vervul jij op dit moment? Welke rol vind je prettig en welke minder? Waarom?

_____

Als je de rest van je leven met één persoon op een onbewoond eiland zou moeten doorbrengen, wie zou dat dan zijn en waarom?

_____

Wat is de grootste verandering die je tot nu toe hebt doorgemaakt en wat was daarvoor de aanleiding?

_____

Als je twee mensen uit het heden of verleden als mentor/docent zou mogen uitkiezen, wie zouden dat dan zijn en waarom?

_____

Ben je door iets geobsedeerd of heb je vreemde gewoonten? Zo ja, wat vind je daar dan van?

_____

WEEKAANTEKENINGEN

MAANDELIJKSE CONTROLE

Stemming:	1	2	3	4	5	6	7	8	9	10
Dankbaarheid:	1	2	3	4	5	6	7	8	9	10
Mindfulness:	1	2	3	4	5	6	7	8	9	10
Familie:	1	2	3	4	5	6	7	8	9	10
Vrienden:	1	2	3	4	5	6	7	8	9	10
Relatie:	1	2	3	4	5	6	7	8	9	10
Leuke dingen doen:	1	2	3	4	5	6	7	8	9	10
Kalmte en rust:	1	2	3	4	5	6	7	8	9	10
Tijd voor jezelf:	1	2	3	4	5	6	7	8	9	10
Gezond eten:	1	2	3	4	5	6	7	8	9	10
Water drinken:	1	2	3	4	5	6	7	8	9	10
Sporten en bewegen:	1	2	3	4	5	6	7	8	9	10
Naar buiten gaan:	1	2	3	4	5	6	7	8	9	10
Gezondheid:	1	2	3	4	5	6	7	8	9	10
Creativiteit:	1	2	3	4	5	6	7	8	9	10
Geldzaken:	1	2	3	4	5	6	7	8	9	10
Werk en opleiding:	1	2	3	4	5	6	7	8	9	10
Gedachten en gevoelens:	1	2	3	4	5	6	7	8	9	10
Het heden:	1	2	3	4	5	6	7	8	9	10
De toekomst:	1	2	3	4	5	6	7	8	9	10

GEWOONTETRACKER

1	2	3	4	5	6	7	8	9	10	11	12	13	14	15	16
17	18	19	20	21	22	23	24	25	26	27	28	29	30	31	

1	2	3	4	5	6	7	8	9	10	11	12	13	14	15	16
17	18	19	20	21	22	23	24	25	26	27	28	29	30	31	

1	2	3	4	5	6	7	8	9	10	11	12	13	14	15	16
17	18	19	20	21	22	23	24	25	26	27	28	29	30	31	

M D W D V Z Z _____

Ik ben dankbaar voor...

1. _____
2. _____
3. _____

Zo ga ik van vandaag een geweldige dag maken

_____
_____
_____
_____
_____

Positieve affirmatie

_____
_____

Je uitdaging van de week:
We hebben allemaal iets wat ons motiveert. Moedig iemand aan die de laatste tijd wat minder gemotiveerd was, door diegene te laten merken dat je vertrouwen hebt in wat hij kan. Stimuleer die persoon om zijn doelen na te streven en geef hem het steuntje in de rug dat hij nodig heeft.

Mijn goede daad van vandaag

_____
_____

Wat ik aan mezelf kan verbeteren

_____
_____

Leuke dingen die ik heb meegemaakt

1. _____
2. _____
3. _____

M D W D V Z Z _____

Ik ben dankbaar voor...

1. _____
2. _____
3. _____

Zo ga ik van vandaag een geweldige dag maken

Positieve affirmatie

> *Behandel mensen alsof ze zijn wat ze zouden moeten zijn en je helpt hen te worden waartoe ze in staat zijn.*
> JOHANN WOLFGANG VON GOETHE

Mijn goede daad van vandaag

Wat ik aan mezelf kan verbeteren

Leuke dingen die ik heb meegemaakt

1. _____
2. _____
3. _____

M D W D V Z Z _____

Ik ben dankbaar voor...

1. _____
2. _____
3. _____

Zo ga ik van vandaag een geweldige dag maken

Positieve affirmatie

> *Het is nooit te laat om te zijn wat je had kunnen zijn.*
> GEORGE ELIOT

Mijn goede daad van vandaag

Wat ik aan mezelf kan verbeteren

Leuke dingen die ik heb meegemaakt

1. _____
2. _____
3. _____

M D W D V Z Z _____

Ik ben dankbaar voor...

1.
2.
3.

Zo ga ik van vandaag een geweldige dag maken

Positieve affirmatie

> *Geef woorden aan verdriet; rouw die niet wordt uitsproken fluistert in het overspannen hart totdat het breekt.*
> WILLIAM SHAKESPEARE

Mijn goede daad van vandaag

Wat ik aan mezelf kan verbeteren

Leuke dingen die ik heb meegemaakt

1.
2.
3.

M D W D V Z Z _____

Ik ben dankbaar voor...

1. _____
2. _____
3. _____

Zo ga ik van vandaag een geweldige dag maken

_____
_____
_____
_____
_____

Positieve affirmatie

_____
_____

> *Leven is het zeldzaamste op aarde.*
> *De meeste mensen bestaan alleen maar.*
> — OSCAR WILDE

Mijn goede daad van vandaag

_____
_____

Wat ik aan mezelf kan verbeteren

_____
_____

Leuke dingen die ik heb meegemaakt

1. _____
2. _____
3. _____

M D W D V Z Z _____

Ik ben dankbaar voor...

1. _____
2. _____
3. _____

Zo ga ik van vandaag een geweldige dag maken

Positieve affirmatie

> *Wie oordeelt over mensen, heeft geen tijd om ze lief te hebben.*
> MOEDER TERESA

Mijn goede daad van vandaag

Wat ik aan mezelf kan verbeteren

Leuke dingen die ik heb meegemaakt

1. _____
2. _____
3. _____

M D W D V Z Z _____

Ik ben dankbaar voor...

1. _____
2. _____
3. _____

Zo ga ik van vandaag een geweldige dag maken

Positieve affirmatie

> *Zonder strijd geen vooruitgang.*
> FREDERICK DOUGLASS

Mijn goede daad van vandaag

Wat ik aan mezelf kan verbeteren

Leuke dingen die ik heb meegemaakt

1. _____
2. _____
3. _____

WEEKVRAGEN

Welk doel heb je onlangs bereikt? Welke hindernissen moest je daarvoor nemen? Waarom wilde je dit doel bereiken?

_____
_____
_____
_____
_____

Als je morgen bij het opstaan een nieuwe vaardigheid kon hebben, welke zou dat dan zijn en waarom?

_____
_____
_____
_____
_____

Welke beslissing is tot nu toe in je leven het belangrijkst geweest? Hoe ga je de volgende grote beslissing die je voor de boeg hebt benaderen?

_____
_____
_____
_____
_____

Wat heeft je de laatste tijd veel beziggehouden? Wat zou dat kunnen betekenen?

_____
_____
_____

Ben je met iemand met wie je de rest van je leven zou willen doorbrengen? Leg uit waarom wel of waarom niet.

_____
_____
_____

WEEKAANTEKENINGEN

M D W D V Z Z _____

Ik ben dankbaar voor...

1.
2.
3.

Zo ga ik van vandaag een geweldige dag maken

Positieve affirmatie

Je uitdaging van de week:

Klein of groot, een oprecht compliment kost geen geld of tijd en kan iemands hele dag goedmaken. Probeer dus deze week bewust iemand een complimentje te geven. Zeg tegen een man bij de bushalte dat hij een mooi jasje aanheeft, vertel de vrouw naast je in de bios dat ze aanstekelijk lacht of prijs de postbode omdat hij altijd zo goedgemutst is.

Mijn goede daad van vandaag

Wat ik aan mezelf kan verbeteren

Leuke dingen die ik heb meegemaakt

1.
2.
3.

M D W D V Z Z _____

Ik ben dankbaar voor…

1. _____
2. _____
3. _____

Zo ga ik van vandaag een geweldige dag maken

Positieve affirmatie

> *Ik kan twee maanden leven van een fijn compliment.*
> MARK TWAIN

Mijn goede daad van vandaag

Wat ik aan mezelf kan verbeteren

Leuke dingen die ik heb meegemaakt

1. _____
2. _____
3. _____

M D W D V Z Z _____

Ik ben dankbaar voor...

1. _____
2. _____
3. _____

Zo ga ik van vandaag een geweldige dag maken

Positieve affirmatie

> *Wees niet bang het goede op te geven voor het geweldige.*
> JOHN D. ROCKEFELLER

Mijn goede daad van vandaag

Wat ik aan mezelf kan verbeteren

Leuke dingen die ik heb meegemaakt

1. _____
2. _____
3. _____

M D W D V Z Z _____

Ik ben dankbaar voor...

1. _____
2. _____
3. _____

Zo ga ik van vandaag een geweldige dag maken

Positieve affirmatie

> *Een goede gezondheid is veel belangrijker dan alle bezit. Een gezonde bedelaar is daarom beter af dan een koning met een slechte gezondheid.*
> ARTHUR SCHOPENHAUER

Mijn goede daad van vandaag

Wat ik aan mezelf kan verbeteren

Leuke dingen die ik heb meegemaakt

1. _____
2. _____
3. _____

M D W D V Z Z _____

Ik ben dankbaar voor...

1. _____
2. _____
3. _____

Zo ga ik van vandaag een geweldige dag maken

Positieve affirmatie

> *De vrijheid van de mens ligt niet besloten in het feit dat hij kan doen wat hij wil, maar dat hij niet hoeft te doen wat hij niet wil.*
> JEAN JAQUES ROUSSEAU

Mijn goede daad van vandaag

Wat ik aan mezelf kan verbeteren

Leuke dingen die ik heb meegemaakt

1. _____
2. _____
3. _____

M D W D V Z Z _____

Ik ben dankbaar voor...

1. _____
2. _____
3. _____

Zo ga ik van vandaag een geweldige dag maken

Positieve affirmatie

> *Alles heeft schoonheid, maar niet iedereen ziet die schoonheid.*
> — CONFUCIUS

Mijn goede daad van vandaag

Wat ik aan mezelf kan verbeteren

Leuke dingen die ik heb meegemaakt

1. _____
2. _____
3. _____

M D W D V Z Z _____

Ik ben dankbaar voor...

1. _____
2. _____
3. _____

Zo ga ik van vandaag een geweldige dag maken

Positieve affirmatie

> *Mijn kleermaker is de enige man met gezond verstand; hij neemt elke keer dat hij mij ziet weer mijn maten. Alle anderen houden hun oude maten aan en verwachten dat ik daar in pas.*
> GEORGE BERNARD SHAW

Mijn goede daad van vandaag

Wat ik aan mezelf kan verbeteren

Leuke dingen die ik heb meegemaakt

1. _____
2. _____
3. _____

WEEKVRAGEN

Welk motto past het best bij jouw leven tot nu toe? Waarom is dat zo, en wil je dat dit motto ook op de rest van je leven van toepassing is?

_____
_____
_____
_____
_____

Welk gedrag of welke gewoonten die je jezelf de afgelopen jaren hebt aangeleerd hebben je leven aanzienlijk verbeterd?

_____
_____
_____
_____

Als je met één knip van je vingers een persoonlijk doel kon bereiken, welk doel zou dat dan zijn? Welk klein stapje zou je kunnen nemen om het balletje aan het rollen te krijgen?

_____
_____
_____
_____

Als je aan je ouders, je partner of beste vriend(in) zou vragen wat jij het best kunt, wat zouden ze dan antwoorden?

_____
_____
_____

Wie vond je tot nu toe het aantrekkelijkst en wat was er zo aantrekkelijk aan die persoon? Welke karaktertrek vind je over het algemeen het meest aantrekkelijk in een ander?

_____
_____

WEEKAANTEKENINGEN

M D W D V Z Z _____

Ik ben dankbaar voor...

1. _____
2. _____
3. _____

Zo ga ik van vandaag een geweldige dag maken

Positieve affirmatie

Je uitdaging van de week:

Onderzoeken hebben aangetoond dat miljoenen grijze celletjes pas actief worden als jij even helemaal niets doet.[63] Neem dus op een drukke dag even een paar minuten de tijd voor wat niksen: haal adem, laat los, laat je gedachten gaan en je fantasie de vrije loop. Hersenonderzoekers hebben ontdekt dat je hierdoor in de volgende werkfase tot 41 procent creatiever en productiever bent.[64]

Mijn goede daad van vandaag

Wat ik aan mezelf kan verbeteren

Leuke dingen die ik heb meegemaakt

1. _____
2. _____
3. _____

M D W D V Z Z _____

Ik ben dankbaar voor...

1. _____
2. _____
3. _____

Zo ga ik van vandaag een geweldige dag maken

Positieve affirmatie

> *In dit door media doordrenkte tijdperk waarin we altijd moeten multitasken en aan moeten staan, zijn veel mensen vergeten hoe ze zichzelf moeten loskoppelen en op moeten gaan in het moment. We zijn vergeten hoe we het rustig aan moeten doen.*
> — CARL HONORÉ

Mijn goede daad van vandaag

Wat ik aan mezelf kan verbeteren

Leuke dingen die ik heb meegemaakt

1. _____
2. _____
3. _____

M D W D V Z Z _____

Ik ben dankbaar voor...

1. _____
2. _____
3. _____

Zo ga ik van vandaag een geweldige dag maken

_____
_____
_____
_____
_____

Positieve affirmatie

_____
_____

> *Je leert niet lopen door je aan de regels te houden.*
> *Je leert door te doen, en te vallen.*
> RICHARD BRANSON

Mijn goede daad van vandaag

_____
_____

Wat ik aan mezelf kan verbeteren

_____
_____

Leuke dingen die ik heb meegemaakt

1. _____
2. _____
3. _____

M D W D V Z Z _____

Ik ben dankbaar voor...

1. _____
2. _____
3. _____

Zo ga ik van vandaag een geweldige dag maken

Positieve affirmatie

> *De wereld breekt iedereen; als dat gebeurt zijn veel mensen sterker bij de breukplek.*
> ERNEST HEMINGWAY

Mijn goede daad van vandaag

Wat ik aan mezelf kan verbeteren

Leuke dingen die ik heb meegemaakt

1. _____
2. _____
3. _____

M D W D V Z Z _____

Ik ben dankbaar voor...

1. _____
2. _____
3. _____

Zo ga ik van vandaag een geweldige dag maken

Positieve affirmatie

> *Zelfs van de stenen die je op je weg vindt, kun je iets moois maken.*
> JOHANN WOLFGANG VON GOETHE

Mijn goede daad van vandaag

Wat ik aan mezelf kan verbeteren

Leuke dingen die ik heb meegemaakt

1. _____
2. _____
3. _____

M D W D V Z Z _____

Ik ben dankbaar voor...

1. _____
2. _____
3. _____

Zo ga ik van vandaag een geweldige dag maken

Positieve affirmatie

> *Alleen degenen die bereid zijn te ver te gaan, kunnen erachter komen hoe ver je kunt gaan.*
> T.S. ELIOT

Mijn goede daad van vandaag

Wat ik aan mezelf kan verbeteren

Leuke dingen die ik heb meegemaakt

1. _____
2. _____
3. _____

M D W D V Z Z _____

Ik ben dankbaar voor...

1. _____
2. _____
3. _____

Zo ga ik van vandaag een geweldige dag maken

Positieve affirmatie

> *De enige beperking bij het verwezenlijken van morgen zijn onze twijfels van vandaag.*
> FRANKLIN D. ROOSEVELT

Mijn goede daad van vandaag

Wat ik aan mezelf kan verbeteren

Leuke dingen die ik heb meegemaakt

1. _____
2. _____
3. _____

WEEKVRAGEN

Wat was de beste vakantie van je leven en waarom was die zo uniek?

_____
_____
_____
_____
_____

Wie heeft de grootste invloed op je leven gehad en hoe heeft die persoon jou beïnvloed? Op wie heb jij volgens jou de meeste invloed gehad?

_____
_____
_____
_____

Wat is je vroegste jeugdherinnering en wat is je beste?
Denk terug aan jezelf als kind. Wat ben je aan het doen?

_____
_____
_____
_____

Welke film kun je eindeloos vaak kijken? Welk boek kun je eindeloos vaak lezen? Wat zouden je antwoorden kunnen zeggen over jou?

_____
_____
_____

Welke aankoop van minder dan 100 euro heeft het afgelopen jaar de grootste positieve invloed gehad op je leven? Waarom heb je die aankoop gedaan?

_____
_____
_____

WEEKAANTEKENINGEN

M D W D V Z Z _____

Ik ben dankbaar voor...

1. _____
2. _____
3. _____

Zo ga ik van vandaag een geweldige dag maken

Positieve affirmatie

Je uitdaging van de week:

Waarom hebben we altijd een gelegenheid nodig om de mensen om ons heen te laten weten hoeveel ze voor ons betekenen? Ga deze week eens tegen de draad in en schrijf een lief briefje voor iemand die je wilt verrassen. Het gaat niet om de inhoud maar om de gedachte erachter; laat de ontvanger weten dat je aan hem/haar denkt. PS: stop je berichtje in zijn/haar zak of portemonnee.

Mijn goede daad van vandaag

Wat ik aan mezelf kan verbeteren

Leuke dingen die ik heb meegemaakt

1. _____
2. _____
3. _____

M D W D V Z Z _____

Ik ben dankbaar voor...

1. _____
2. _____
3. _____

Zo ga ik van vandaag een geweldige dag maken

Positieve affirmatie

> *In het leven van een mens zijn drie dingen heel belangrijk: het eerste is vriendelijkheid, het tweede vriendelijkheid en het derde vriendelijkheid.*
> HENRY JAMES

Mijn goede daad van vandaag

Wat ik aan mezelf kan verbeteren

Leuke dingen die ik heb meegemaakt

1. _____
2. _____
3. _____

M D W D V Z Z _____

Ik ben dankbaar voor...

1. _____
2. _____
3. _____

Zo ga ik van vandaag een geweldige dag maken

Positieve affirmatie

> *Alle menselijke kennis begint met intuïtie, gaat verder met concepten en eindigt met ideeën.*
> IMMANUEL KANT

Mijn goede daad van vandaag

Wat ik aan mezelf kan verbeteren

Leuke dingen die ik heb meegemaakt

1. _____
2. _____
3. _____

M D W D V Z Z _____

Ik ben dankbaar voor...

1. _____
2. _____
3. _____

Zo ga ik van vandaag een geweldige dag maken

Positieve affirmatie

> *De dromen die het vreemdst lijken,
> zijn vaak het meest veelzeggend.*
> SIGMUND FREUD

Mijn goede daad van vandaag

Wat ik aan mezelf kan verbeteren

Leuke dingen die ik heb meegemaakt

1. _____
2. _____
3. _____

M D W D V Z Z _____

Ik ben dankbaar voor...

1. _____
2. _____
3. _____

Zo ga ik van vandaag een geweldige dag maken

Positieve affirmatie

> *Geen enkele vriendelijke daad, hoe klein ook, is ooit tevergeefs.*
> — AESOPUS

Mijn goede daad van vandaag

Wat ik aan mezelf kan verbeteren

Leuke dingen die ik heb meegemaakt

1. _____
2. _____
3. _____

M D W D V Z Z _____

Ik ben dankbaar voor...

1. _____
2. _____
3. _____

Zo ga ik van vandaag een geweldige dag maken

Positieve affirmatie

> *Ik kan niet zeggen of de dingen beter zullen zijn als je verandert, wel dat ze moeten veranderen als je beter wilt worden.*
> GEORG CHRISTOPH LICHTENBERG

Mijn goede daad van vandaag

Wat ik aan mezelf kan verbeteren

Leuke dingen die ik heb meegemaakt

1. _____
2. _____
3. _____

M D W D V Z Z _____

Ik ben dankbaar voor...

1. _____
2. _____
3. _____

Zo ga ik van vandaag een geweldige dag maken

Positieve affirmatie

> *Als je je bezittingen geeft, geef je weinig.*
> *Pas als je jezelf geeft, geef je oprecht.*
> KHALIL GIBRAN

Mijn goede daad van vandaag

Wat ik aan mezelf kan verbeteren

Leuke dingen die ik heb meegemaakt

1. _____
2. _____
3. _____

WEEKVRAGEN

Wat was de moeilijkste periode uit je leven? Hoe ben je erdoorheen gekomen en in welk opzicht ben je door die ervaring gegroeid?

_____
_____
_____
_____
_____

Hoe ben je als je alleen bent? Wat doe je graag als je alleen bent?

_____
_____
_____
_____
_____

Hoe hebben je ouders je opgevoed? Wat zou jij anders/hetzelfde doen of wat doe jij anders/hetzelfde met je eigen kinderen?

_____
_____
_____
_____

In welke situaties ben je het meest jezelf?
Zijn er situaties waarin jij je niet authentiek gedraagt?

_____
_____
_____
_____

Tijd voor een glimlach: wanneer heb je voor het laatst hardop gelachen? Waar heb je deze week om geglimlacht?

_____
_____
_____

WEEKAANTEKENINGEN

MAANDELIJKSE CONTROLE

Stemming:	1 2 3 4 5 6 7 8 9 10
Dankbaarheid:	1 2 3 4 5 6 7 8 9 10
Mindfulness:	1 2 3 4 5 6 7 8 9 10
Familie:	1 2 3 4 5 6 7 8 9 10
Vrienden:	1 2 3 4 5 6 7 8 9 10
Relatie:	1 2 3 4 5 6 7 8 9 10
Leuke dingen doen:	1 2 3 4 5 6 7 8 9 10
Kalmte en rust:	1 2 3 4 5 6 7 8 9 10
Tijd voor jezelf:	1 2 3 4 5 6 7 8 9 10
Gezond eten:	1 2 3 4 5 6 7 8 9 10
Water drinken:	1 2 3 4 5 6 7 8 9 10
Sporten en bewegen:	1 2 3 4 5 6 7 8 9 10
Naar buiten gaan:	1 2 3 4 5 6 7 8 9 10
Gezondheid:	1 2 3 4 5 6 7 8 9 10
Creativiteit:	1 2 3 4 5 6 7 8 9 10
Geldzaken:	1 2 3 4 5 6 7 8 9 10
Werk en opleiding:	1 2 3 4 5 6 7 8 9 10
Gedachten en gevoelens:	1 2 3 4 5 6 7 8 9 10
Het heden:	1 2 3 4 5 6 7 8 9 10
De toekomst:	1 2 3 4 5 6 7 8 9 10

GEWOONTETRACKER

1	2	3	4	5	6	7	8	9	10	11	12	13	14	15	16
17	18	19	20	21	22	23	24	25	26	27	28	29	30	31	

1	2	3	4	5	6	7	8	9	10	11	12	13	14	15	16
17	18	19	20	21	22	23	24	25	26	27	28	29	30	31	

1	2	3	4	5	6	7	8	9	10	11	12	13	14	15	16
17	18	19	20	21	22	23	24	25	26	27	28	29	30	31	

Een oprechte
herinnering
... nog maar twee weken te gaan

Het *6 minuten dagboek* kan je nog maar twee weken begeleiden. Heb je genoten van de reis tot nu toe? Zo ja, dan is het tijd om verder te gaan op je dagelijkse tocht naar het geluk. Kijk op onze website, createurbestself.com.

Op dit punt in je reis zullen gewenste gewoonten zoals dankbaarheid, mindfulness en groei door dagelijkse reflectie waarschijnlijk inmiddels dagelijkse kost voor je zijn geworden. Maar hoe zit het met de ongewenste gewoonten? In tegenstelling tot wat je zou verwachten, verdwijnen de neurale banen voor deze onwenselijke gewoonten nooit helemaal. Sterker nog, ingesleten gewoonten, of ze nu oud of nieuw zijn, zijn tastbare structuren binnen ons lichaam. Ze zitten in het deel van onze hersenen waar gewoonten worden gevormd, in de basale ganglia. Zodra jij je een gewoonte hebt eigen gemaakt, is ze ingesleten in de zenuwbanen van je hersenen.[66] De neurologische structuren van oude, slechte gewoonten blijven dus aanwezig in onze hersenen, klaar om weer te worden geactiveerd zodra we niet meer actief bezig zijn met het in stand houden van onze pasverworven positieve gewoonten.[67]

Omdat het oude gedrag om de hoek ligt, klaar om weer te worden geactiveerd, moet je ervoor zorgen dat je niet terugvalt in oude patronen. Houd je aan je dagelijkse, wekelijkse en maandelijkse routine en maak de veranderingen ten goede onderdeel van je dagelijks leven. Maak dankbaarheid tot je prioriteit.

MDWDVZZ _____

Ik ben dankbaar voor...

1. _____
2. _____
3. _____

Zo ga ik van vandaag een geweldige dag maken

_____
_____
_____
_____
_____

Positieve affirmatie

_____
_____

Je uitdaging van de week:

Uit onderzoek blijkt dat we andermans tekortkomingen veel beter herkennen dan onze eigen tekortkomingen.[65] Je mag misschien een duidelijke mening hebben over jezelf, het kan soms heel zinnig zijn en nieuwe stimulans geven als je weet hoe een ander over je denkt. Wiens mening vind jij belangrijk? Vraag die persoon hoe jij volgens hem/haar beter zou kunnen worden. In het ergste geval leer je nog iets nieuws over jezelf :)

Mijn goede daad van vandaag

_____
_____

Wat ik aan mezelf kan verbeteren

_____
_____

Leuke dingen die ik heb meegemaakt

1. _____
2. _____
3. _____

M D W D V Z Z _____

Ik ben dankbaar voor...

1. _____
2. _____
3. _____

Zo ga ik van vandaag een geweldige dag maken

Positieve affirmatie

> *Je ziet misschien de zeven fouten van een ander, maar je bent blind voor de tien fouten die je zelf maakt.*
> JAPANS SPREEKWOORD

Mijn goede daad van vandaag

Wat ik aan mezelf kan verbeteren

Leuke dingen die ik heb meegemaakt

1. _____
2. _____
3. _____

M D W D V Z Z _____

Ik ben dankbaar voor...

1. _____
2. _____
3. _____

Zo ga ik van vandaag een geweldige dag maken

Positieve affirmatie

> *Hoe zou het leven zijn als we niet de moed hadden om ook maar iets te proberen?*
> VINCENT VAN GOGH

Mijn goede daad van vandaag

Wat ik aan mezelf kan verbeteren

Leuke dingen die ik heb meegemaakt

1. _____
2. _____
3. _____

M D W D V Z Z _____

Ik ben dankbaar voor...

1. _____
2. _____
3. _____

Zo ga ik van vandaag een geweldige dag maken

Positieve affirmatie

> *Ik heb gemerkt dat mensen zonder zonden ook heel weinig deugden bezitten.*
> ABRAHAM LINCOLN

Mijn goede daad van vandaag

Wat ik aan mezelf kan verbeteren

Leuke dingen die ik heb meegemaakt

1. _____
2. _____
3. _____

M D W D V Z Z _____

Ik ben dankbaar voor…

1. _____
2. _____
3. _____

Zo ga ik van vandaag een geweldige dag maken

Positieve affirmatie

> *Niets in deze wereld maakt ons zo onmisbaar voor anderen als de genegenheid die we voor hen voelen.*
> JOHANN WOLFGANG VON GOETHE

Mijn goede daad van vandaag

Wat ik aan mezelf kan verbeteren

Leuke dingen die ik heb meegemaakt

1. _____
2. _____
3. _____

M D W D V Z Z _____

Ik ben dankbaar voor...

1. _____
2. _____
3. _____

Zo ga ik van vandaag een geweldige dag maken

_____
_____
_____
_____
_____

Positieve affirmatie

_____
_____

> *Sommige mensen voelen de regen;*
> *andere worden gewoon nat.*
> BOB MARLEY

Mijn goede daad van vandaag

_____
_____

Wat ik aan mezelf kan verbeteren

_____
_____

Leuke dingen die ik heb meegemaakt

1. _____
2. _____
3. _____

M D W D V Z Z _____

Ik ben dankbaar voor...

1. _____
2. _____
3. _____

Zo ga ik van vandaag een geweldige dag maken

Positieve affirmatie

> *Een goed beoordelingsvermogen komt voort uit ervaring, en die doen we op dankzij een slecht beoordelingsvermogen.*
> WILL ROGERS

Mijn goede daad van vandaag

Wat ik aan mezelf kan verbeteren

Leuke dingen die ik heb meegemaakt

1. _____
2. _____
3. _____

WEEKVRAGEN

Waar maakte je je een paar jaar geleden zorgen over?
Is een van die dingen nu nog belangrijk? Wat is er anders?

Wat vind je het belangrijkst in een vriendschap?
In welk opzicht leef je zelf volgens die waarden?

Wanneer ben je voor het laatst volledig op je gevoel afgegaan?
Wat voelde je hierbij en wat was het resultaat van je beslissing?

Van wie houd je en in welk opzicht ben je er helemaal bij als je in het gezelschap bent van die persoon? Hoe laat je de mensen van wie je houdt zien dat je van ze houdt?

Wat is het meest weloverwogen cadeau dat je ooit hebt gekregen?
Wat is volgens jou het beste cadeau dat je ooit aan iemand hebt gegeven?

WEEKAANTEKENINGEN

M D W D V Z Z _____

Ik ben dankbaar voor...

1. _____
2. _____
3. _____

Zo ga ik van vandaag een geweldige dag maken

Positieve affirmatie

Je uitdaging van de week:

'Hoe gaat het met je?' 'Hoe gaat het ermee?' Deze vragen, en de antwoorden erop, zijn verworden tot holle frasen. Als je werkelijk een oprecht antwoord wilt horen, meer dan een plichtmatig 'Goed, en met jou?', vraag dan: 'Wat houdt je op het moment bezig?' Je zult versteld staan wat een verschil een kleine verandering kan maken.

Mijn goede daad van vandaag

Wat ik aan mezelf kan verbeteren

Leuke dingen die ik heb meegemaakt

1. _____
2. _____
3. _____

M D W D V Z Z _____

Ik ben dankbaar voor...

1. _____
2. _____
3. _____

Zo ga ik van vandaag een geweldige dag maken

_____
_____
_____
_____
_____
_____

Positieve affirmatie

_____
_____

> *Gisteren was ik slim, en wilde ik de wereld veranderen.*
> *Vandaag ben ik wijs, dus verander ik mezelf.*
> RUMI

Mijn goede daad van vandaag

_____
_____

Wat ik aan mezelf kan verbeteren

_____
_____

Leuke dingen die ik heb meegemaakt

1. _____
2. _____
3. _____

M D W D V Z Z _____

Ik ben dankbaar voor...

1. _____
2. _____
3. _____

Zo ga ik van vandaag een geweldige dag maken

Positieve affirmatie

> *De kunst van het gelukkig zijn zit besloten in het vermogen om geluk uit gewone dingen te halen.*
> HENRY WARD BEECHER

Mijn goede daad van vandaag

Wat ik aan mezelf kan verbeteren

Leuke dingen die ik heb meegemaakt

1. _____
2. _____
3. _____

M D W D V Z Z _____

Ik ben dankbaar voor...

1. _____
2. _____
3. _____

Zo ga ik van vandaag een geweldige dag maken

_____
_____
_____
_____
_____

Positieve affirmatie

_____
_____

> *Samenkomen is een begin; samenblijven is vooruitgang; samenwerken is succes.*
> HENRY FORD

Mijn goede daad van vandaag

_____
_____

Wat ik aan mezelf kan verbeteren

_____
_____

Leuke dingen die ik heb meegemaakt

1. _____
2. _____
3. _____

M D W D V Z Z _____

Ik ben dankbaar voor...

1. _____
2. _____
3. _____

Zo ga ik van vandaag een geweldige dag maken

Positieve affirmatie

> *Niemand zou zich hoeven schamen om een fout toe te geven. Het is gewoon een andere manier van zeggen dat ze vandaag wijzer zijn dan gisteren.*
> ALEXANDER POPE

Mijn goede daad van vandaag

Wat ik aan mezelf kan verbeteren

Leuke dingen die ik heb meegemaakt

1. _____
2. _____
3. _____

M D W D V Z Z _____

Ik ben dankbaar voor...

1. _____
2. _____
3. _____

Zo ga ik van vandaag een geweldige dag maken

Positieve affirmatie

> *Denk aan wat je hebt, niet aan wat er allemaal ontbreekt. Kies het beste uit de dingen die je hebt en bedenk dan hoe graag je het zou willen hebben als je het niet al had gehad.*
> — MARCUS AURELIUS

Mijn goede daad van vandaag

Wat ik aan mezelf kan verbeteren

Leuke dingen die ik heb meegemaakt

1. _____
2. _____
3. _____

M D W D V Z Z _____

Ik ben dankbaar voor...

1. _____
2. _____
3. _____

Zo ga ik van vandaag een geweldige dag maken

Positieve affirmatie

> *Beperk een kind niet tot uw eigen kennis, want het is in een andere tijd geboren.*
> — RABINDRANATH TAGORE

Mijn goede daad van vandaag

Wat ik aan mezelf kan verbeteren

Leuke dingen die ik heb meegemaakt

1. _____
2. _____
3. _____

WEEKVRAGEN

Hoe kun je aardiger zijn voor jezelf?

___

Wat zou je met je tijd doen als je tussen 8 uur 's ochtends en 7 uur 's avonds niet je huis in kon, je niet hoefde te werken en er iemand voor de kinderen zorgde?

___

Wanneer heb je voor het laatst iets voor het eerst gedaan?
Wat voelde je hierbij?

___

Als je een film over je leven zou kunnen regisseren, wat zou dan de plot zijn in één zin? Wie zou jou spelen en waarom juist die persoon?

___

Wat zijn de twee mooiste gedachten die je op dit moment kunt hebben?

WEEKAANTEKENINGEN

MAANDELIJKSE CONTROLE

Stemming:	1	2	3	4	5	6	7	8	9	10
Dankbaarheid:	1	2	3	4	5	6	7	8	9	10
Mindfulness:	1	2	3	4	5	6	7	8	9	10
Familie:	1	2	3	4	5	6	7	8	9	10
Vrienden:	1	2	3	4	5	6	7	8	9	10
Relatie:	1	2	3	4	5	6	7	8	9	10
Leuke dingen doen:	1	2	3	4	5	6	7	8	9	10
Kalmte en rust:	1	2	3	4	5	6	7	8	9	10
Tijd voor jezelf:	1	2	3	4	5	6	7	8	9	10
Gezond eten:	1	2	3	4	5	6	7	8	9	10
Water drinken:	1	2	3	4	5	6	7	8	9	10
Sporten en bewegen:	1	2	3	4	5	6	7	8	9	10
Naar buiten gaan:	1	2	3	4	5	6	7	8	9	10
Gezondheid:	1	2	3	4	5	6	7	8	9	10
Creativiteit:	1	2	3	4	5	6	7	8	9	10
Geldzaken:	1	2	3	4	5	6	7	8	9	10
Werk en opleiding:	1	2	3	4	5	6	7	8	9	10
Gedachten en gevoelens:	1	2	3	4	5	6	7	8	9	10
Het heden:	1	2	3	4	5	6	7	8	9	10
De toekomst:	1	2	3	4	5	6	7	8	9	10

LAATSTE OPMERKINGEN

_____
_____
_____
_____
_____
_____
_____
_____
_____

Een enorme
mijlpaal
... je hebt het gehaald!

Je verdient een schouderklopje en hebt alle reden om trots op jezelf te zijn. Je hebt je eerste *6 minuten dagboek* voltooid! Hoe voel je je nu? Je mag je best een beetje geweldig en fantastisch voelen...

Neem een paar minuten de tijd om het boek door te bladeren. Adem tevredenheid in en adem twijfel uit. Trakteer jezelf op iets bijzonders en wees trots op wat je allemaal hebt bereikt. Daar kun je op bouwen voor toekomstige doelen en uitdagingen. Maar vergeet ook niet stil te staan bij wat je al hebt bereikt. Geniet van wat je hebt gedaan en laat het succes tot je doordringen...

Kijk nu eens naar je maandelijkse controles en sta stil bij je reis vol positieve veranderingen. Wat heb je over jezelf geleerd, en wanneer had je het meest het idee dat je iets had bereikt? Welke houding en welk gedrag zijn anders sinds je het dagboek gebruikt?

> Tot slot nog één vraagje: wat was je goede daad van vandaag? Je antwoord: ik heb mijn ervaringen gedeeld met het *6 minuten dagboek* :)
>
> Deel ze met ons op createurbestself.com of via Instagram: @createurbestself

OPMERKINGEN EN IDEEËN

OPMERKINGEN EN IDEEËN

OPMERKINGEN EN IDEEËN

OPMERKINGEN EN IDEEËN

OPMERKINGEN EN IDEEËN

OPMERKINGEN EN IDEEËN

Bibliografie

1. De software die onze hersenen aanstuurt
The Tim Ferriss Show: *On Achievement Versus Fulfillment*, 178e aflevering

2. Mensen leren sneller van slechte ervaringen dan van goede
Hanson, Rick (2016), *Hardwiring Happiness. The New Brain Science of Contentment, Calm and Confidence*

3. Boze gezichten worden veel sneller herkend dan blije
Fox, Elaine, Leser, Victoria, Russo, Ricardo, Bowles, R.J., Pichler, Alessio, Dutton, Kevin (2000), 'Facial Expressions of Emotion. Are Angry Faces Detected More Efficiently?' in *Cognition and Emotion*, 14 (1)

4. Onze hersenen reageren sneller op slechte dingen dan op goede
Haidt, Jonathan (2009), *The Happiness Hypothesis. Putting Ancient Wisdom and Philosophy to the Test of Modern Science*

5. De pijn van verlies is sterker dan blijdschap over het bezit van hetzelfde ding
Baumeister, Roy F., Bratslavsky, Ellen, Finkenauer, Catrin, Vohs, Kathleen D. (2001), 'Bad Is Stronger Than Good' in *Review of General Psychology*, 5 (4)

6. De blijdschap over geld krijgen vs. het verdriet over dezelfde hoeveelheid geld verliezen
Kahneman, D., Tversky, A. (1979), 'Prospect Theory. An analysis of decisions under risk' in *Econometrica*, 47

7. Vijf goede daden die de schade van een slechte daad goedmaken
Gottman, J. (1994), *Why Marriages Succeed or Fail. And How You Can Make Yours Last*

8. 66 dagen om een nieuwe gewoonte aan te leren
Lally, Phillippa, Van Jaarsveld, Cornelia H.M., Potts, Henry W.W., Wardle, Jane (2009), 'How habits are formed. Modelling habit formation in the real world' in *European Journal of Social Psychology*, 40 (6)

9. Bijna niemand slaagt erin zijn/haar doelen te bereiken
Sarner, Moya (2017), 'Anyone can change any habit: the science of keeping your 2018 resolutions.' https://www.theguardian.com/lifeandstyle/2017/dec/29/anyone-can-change-any-habit-science-keeping-2018-resolutions

10. De pen is machtiger dan het toetsenbord
Mueller, Pam A., Oppenheimer, Daniel M. (2014), 'The Pen is Mightier Than the Keyboard. Advantages of Longhand Over Laptop Note Taking' in *Psychological Science*, 25 (6)

11. Het verband tussen handschrift en wondgenezing
Koschwanez, Heide E., Kerse, Ngaire, Darragh Margot, Jarret Paul, Booth Roger J., Broadbent Elizabeth (2013), 'Expressive writing and wound healing in older adults. A randomized controlled trial' in *Psychosomatic Medicine*, 78 (6)

12. De belangrijke levensles van Naval Ravikant
The Tim Ferriss Show: *Naval Ravikant on Happiness Hacks and the 5 Chimps Theory*, 136e aflevering

13. Externe omstandigheden maken je op de lange termijn niet gelukkig
Lama, Dalai (2009), *The Art of Happiness. A Handbook for Living*

14. Citaat van Ray Dalio
Dalio, Ray (2017), *Principles. Life and Work*.

15. Citaat van Tim Ferriss
Ferriss, Tim (2009), *The 4-Hour Workweek. Escape 9-5, Live Anywhere, and Join the New Rich*.

16. De meeste mensen vinden zichzelf 'tamelijk gelukkig'
Myers, David G. (2000), 'The Funds, Friends, and Faith of Happy People', in *American Psychologist*, 55 (1)

17. Onderdrukte emoties worden erger
Garland, Eric L., Carter, Kristin, Ropes, Katie, Howard, Matthew O. (2011), 'Thought Suppression, Impaired Regulation of Urges, and Addiction-Stroop Predict Affect-Modulated Cue-Reactivity among Alcohol Dependent Adults' in *Biological Psychology*, 89 (1)

18. We nemen slechts vijf procent van onze beslissingen bewust
Zaltmann, Gerald (2003), *How Customers Think: Essential Insights into the Mind of the Market*

19. Veertig procent van ons gedrag wordt dagelijks herhaald
Wood, Wendy, Qinn, Jeffrey M., Kashy, Deborah A. (2002), 'Habits in Everyday Life: Thought, Emotion and Action' in *Journal of Personality and Social Psychology*, 83 (6)

20. Dagelijkse hoeveelheid wilskracht is beperkt
Hagger, Martin S., Wood, Chantelle, Stiff, Chris, Nikos, L.D., (2014), 'Ego Depletion and the Strength Model of Self-Control. A Meta-Analysis' in *Psychological Bulletin*, 136 (4)

21. Zie bron 7

22. We kunnen gebieden van de hersenen trainen als spieren
Maguire, Eleanor A., Spiers, Hugo J., Woollett, Katherine (2006), 'London Taxi Drivers. A Structural MRI and Neuropsychological Analysis' in *Hippocampus*, 16 (12)

23. Het belang van hoeksteengewoonten
Duhigg, Charles (2014), *The Power of Habit: Why We Do What We Do in Life and Business*

24. Onderzoek naar de effecten van twee maanden gewichtheffen
Baumeister, Roy F. et al. (2006), 'Self-Regulation and Personality. How Interventions Increase Regulatory Success, and How Depletion Moderates the Effects of Traits in Behaviour', in *Journal of Personality*, 74, 1773-1801

25. Onderzoek naar financiële controle en de effecten ervan
Oaten, Megan, Cheng K. (2007), 'Improvements in Self-Control from Financial Monitoring', in *Journal of Economic Psychology* 28, 487-501

26. Wat is zelfreflectie?
Law, Lai Chong, Mandl, Heinz, Henninger, Michael (1998), 'Training of Reflection. Its feasibility and boundary conditions' in *Institut für pädagogische Psychologie und empirische Pädagogik*

27. De talloze voordelen van verfijnde zelfreflectie
Schaw, Gregory (1998), 'Promoting general metacognitive awareness' in *Instructional Science*, 26e druk

28. Onbewust belangrijke details toevoegen of weglaten
Gilbert, Daniel (2007), *Stumbling on Happiness*

29. 78 procent van de mensen kijkt in de eerste 15 minuten van de dag op hun mobiele telefoon
Lee, Paul, Calugar-Pop, Cornelia (2015), Global Mobile Consumer Survey. Inzichten in mobielgebruik wereldwijd. http://www2.deloitte.com/global/en/pages/technology-media-and-telecommunications/articles/global-mobile-consumer-survey.html

30. Vrouwen in Japan worden ongeveer 87 jaar oud
WHO-Report (2014), World Health Statistics 2014. Grote groei levensverwachting. http://www.who.int/mediacentre/news/releases/2014/world-health-statistics-2014/en/

31. De opmerkelijke langetermijneffecten van dankbaarheid
Emmons, Robert A., McCullough, Michael E. (2003), 'Counting Blessings Versus Burdens. An Experimental Investigation of Gratitude and Subjective Well-Being in Daily Life' in *Journal of Personality and Social Psychology*, 84 (2)

32. Dankbaarheid kan je langer laten leven
Kalokerinos, E.K., Von Hippel, W., Henry, J.D., Trivers, R. (2014), 'The aging positivity effect and immune function: Positivity in recall predicts higher CD4 counts and lower CD4 activation' in *Psychology and Aging*, 29 (3), 636-641

33. Oprah Winfrey over haar dankbaarheidsdagboek
Oprah Winfrey Network, OWN (2012), *Oprah's Gratitude Journal. Oprah's Life Class. Oprah Life Lessons*, https://www.youtube.com/watch?v=JzFiKRpsz8c (0,06-0,39 min)

34. Een van de talloze bewijzen dat het dagboek werkt
Seligman, Martin E.P., Steen, Tracy A., Park, Nansook, Peterson, Christopher (2005), 'Positive Psychology Progress. Empirical Validation of Interventions' in *American Psychologist*, 60 (5)

35. Dankbaarheid leidt tot succes, niet omgekeerd
Achor, S. (2011), *Happiness Advantage: The Seven Principles That Fuel Success and Performance at Work*

36. Het verschil tussen positief denken en slecht denken
Carnegie, Dale (1990), *How To Stop Worrying and Start Living*

37. Gezond optimisme geeft je een beter en langer leven
Seligman, Martin E.P. (2004), *Authentic Happiness. Using the New Positive Psychology to Realise Your Potential for Lasting Fulfillment*

38. Tony Robbins over zijn ochtendritueel
Oprah Winfrey Network, OWN (2016), *Tony Robbins' 10-Minute Morning Ritual. SuperSoul Sunday*. Oprah Winfrey Network, https://www.youtube.com/watch?v=cgnu9mapQiQ (1,04-1,18 min)

39. De invloed van dankbaarheid op je relaties
Watkins, Philip C. (2014), *Gratitude and the Good Life. Toward a Psychology of Appreciation*

40. Relaties en wat ze betekenen voor je persoonlijk welbevinden
Diener, Ed, Seligman, Martin E.P. (2002), 'Research Report. Very Happy People' in *Psychological Science*, 13e druk (1)

41. Een goede houding maakt je aantrekkelijker
Mehrabian, Albert, Blum, Jeffrey S. (1997), 'Physical appearance, attractiveness, and the mediating role of emotions' in *Current Psychology. A Journal for Diverse Perspectives on Diverse Psychological Issues*, 16 (1)

42. Bewust vs onbewust informatie verwerken in je hersenen
Dispenza, Joe (2008), *Evolve your Brain. The Science of Changing Your Mind*

43. De principes van selectieve waarneming
Eccles, John C. (1996), *How the Self controls its Brain*

44. Gelukkige hersenen zijn productiever en creatiever
Achor, Shawn (2012), 'Positive Intelligence' in *Harvard Business Review*, 1

45. Zie bron 15

46. Affirmaties helpen bij herprogrammeren van het onderbewustzijn
N. Cascio, Christopher, Brook O'Donnel, Matthew, Falk, Emily B., Taylor, Shelley E., Tinney, Francis J. (2015), 'Self-affirmation activates brain systems associated with self-related processing and reward and is reinforced by future orientation' in *Social Cognitive and Affective Neuroscience*, 11 (4)

47. Negatieve en ontkrachte affirmaties
Baumann, Siguard (2006), *Psychologie im Sport*

48. Gebruik van de mobiele telefoon in de laatste 5 minuten van de dag
Lee, Paul, Calugar-Pop, Cornelia (2015), Global Mobile Consumer Survey. Inzichten in mobielgebruik wereldwijd. http://www2.deloitte.com/global/en/pages/technology-media-and-telecommunications/articles/global-mobile-consumer-survey.html

49. Negatieve effecten van elektronica voor het slapengaan
Eggermont, Steven, Van den Bulck, Jan (2006), 'Nodding off or switching off? The use of popular media as a sleep aid in the secondary-school children' in *Journal of Paediatrics and Child Health*, 30 (9)

50. Het licht van elektronica houdt mensen uit hun slaap
Lewis, Tanya (2015), 'Here's what happened when I stopped looking at screens at night' http://uk.businessinsider.com/why-its-bad-to-use-your-phone-before-bed-2015-7?r=US&IR=T

51. Prosociale mensen zijn meestal gelukkiger
Lyubomirsky, Sonja, King, Laura, Diener, Ed (2005), 'The Benefits of Frequent Positive Affect. Does Happiness Lead to Success?' in *Psychological Bulletin*, 131 (6)

52. Iets goeds doen voor anderen maakt je op termijn gelukkiger
Svoboda, Elizabeth (2013), *What makes a hero? The Surprising Science of Selflessness*

53. Het gevoel van geluk nadat je iets hebt gegeven houdt langer aan
Seligman, Martin E.P. (2006), *Learned Optimism. How to Change Your Mind and Your Life*

54. Negatieve gevolgen van jezelf voortdurend met anderen vergelijken
Swallow, Stephen R., Kuiper, Nicholas A., 'Social Comparison and negative self-evaluations. An application to depression' in *Clinical Pschology Review*, 8 (1)

55. Een positieve houding zorgt voor een hogere levensverwachting
Danner, D. Danner, Snowdon, David A., Friesen, Wallace V. (2013), 'Positive Emotions in Early Life and Longevity.

Findings from the Study' in *Journal of Personality and Social Pschology*, 80 (5)

56. Hoe positieve ervaringen kunnen worden opgeslagen in het langetermijngeheugen
Hanson, Rick (2016), *Hardwiring Happiness. The New Brain Science of Contentment, Calm and Confidence*

57. De kracht van visuele verwerking
Merieb, E.N., Hoehn, K. (2007), *Human Anatomy & Physiology*, 7e druk

58. Positieve gevolgen van zachte druk door vrienden en familie
Hayes, Stephen C., Rosenfarb, Irwin, Wulfert, Edelgard, Mund, Edwin D., Korn, Zamir, Zettle, Robert D. (1985), 'Self-reinforcement effects. An artifact of social standard setting?' in *Journal of Applied Behaviour Analysis*, 18 (3)

59. 85 procent van onze zorgen heeft een positieve uitkomst
Robert L. Leahy (2011), 'Are you a worrier? 5 Tips to turn worry on its head' https://www.huffingtonpost.com/robert-leahy-phd/how-to-stopworrying-_b_825063.html

60. We oordelen ongeveer 35.000 keer per dag
Hoomans, Joel (2015), '35,000 Decisions. The Great Choices of Strategic Leaders' https://go.roberts.edu/leadingedge/the-great-choices-of-strategic-leaders

61. We plakken op alles en iedereen een label
Stossel, John, Kendal, Kristina (2006), 'The Psychology of Stereotypes' http://abcnews.go.com/2020/story?id=2442521&page=1

62. Intens ontspannen helpt je te concentreren en maakt je productiever
Lehrer, Jonah (2012), 'The Virtues of Daydreaming' in *The New Yorker* https://www.newyorker.com/tech/frontal-cortex/the-virtues-of-daydreaming

63. Miljoenen grijze cellen worden pas actief als je niets doet
Raichle, Marcus E. (2010), 'The Brain's Dark Energy' in *Scientific American*, maart 2010. https://www2.warwick.ac.uk/fac/sci/dcs/research/combi/seminars/raichle_braindarkenergy_sciam2010.pdf

64. Afdwalen maakt je creatiever en productiever
Baird, Benjamin, Smallwood, Jonathan, Mrazek, Michael D. (2012), 'Inspired by Distraction. Mind Wandering Facilitates Creative Incubation' in *Psychological Science*, 23 (10), 1117–1122. https://doi.org/10.1177/0956797612446024

65. We zien fouten van anderen veel eerder dan onze eigen fouten
Haidt, Jonathan (2006), *The Happiness Hypothesis. Finding Modern Truth in Ancient Wisdom*.

66. Onze gewoonten zitten vastgemetseld in de zenuwbanen van onze hersenen
Seger, Carol A., Spiering, Brian J. (2011), 'A Critical Review of Habit Learning and the Basal Ganglia' in *Frontiers in Systems Neuroscience*, 5, 66

67. De neurologische structuren van oude gewoonten blijven in onze hersenen aanwezig
Duhigg, Charles (2012), *The Power of Habit. Why We Do What We Do in Life and Business*. Hoofdstuk 1, blz. 20